KB054119

세계를 품다
2019

GLOBAL LEADERS

세계를 품다 2019

글로벌 리더 선정자 23인 지음

매일경제신문사

발간사

매경미디어그룹 회장
장대환

먼저 '2019 대한민국 글로벌 리더' 수상자로 선정되신 기업 및 기관 대표자 여러분께 진심으로 축하의 말씀 드립니다.

매경미디어그룹은 자유 시장 경제의 주춧돌로서 그 역할을 다하고 있는 최고 명품 미디어입니다. 저희는 훌륭한 기업들을 발굴하고, 일으켜 세우고, 그리고 키워서, 대한민국이 더욱 부강해지도록 하는 것을 사명으로 하고 있습니다. 이러한 노력의 일환으로 매년 '대한민국 글로벌 리더'를 선정하고 있습니다. 이를 통해 대한민국 경제 발전을 위해 기여하고 계신 우리나라 최고의 리더들을 세상에 알리고 그분들의 살아 있는 경영 스토리를 널리 전파하고 있습니다.

대한민국은 2018년도뿐 아니라 2019년에도 안보, 경제, 사회 등 거의 모든 분야에서 '대변혁'의 소용돌이 속에 있습니다. 정신 바짝 차리지 않으면 깊은 수렁으로 좌초할 수 있는 상황이 이어지고 있습니다. 우리 경제는 IMF 외환위기 당시인 1990년대 말 대혼란 속에서도 위기를 기회로 만들었던 '퀀텀 점프Quantum Jump'의 노하우를 가지고 있습니다. 경제가 어려워질 것으로 예상되는 2019년에는 '제2의 퀀텀 점프'가 반드시 필요합니다. 그러한 퀀텀 점프는 글로벌 무대를 뛰어다니는 창조적인 기업들이 그 역할을 다할 때 실현 가능할 것입니다.

여러분은 힘든 시기를 혁신적이고 창조적인 방법으로 꿋꿋이 이겨냈을 뿐 아니라 조직을 계속 성장 발전시켜 글로벌 리더의 자격을 갖추셨습니다. 여러분은 남들보다 한 발 앞서 미래를 내다보는 혜안과 냉철한 판단력으로 새로운 시장을 만들고 끊임없이 일자리를 창출하고 있습니다. 이 같은 리더가 늘어나야만 지금 대한민국 경제가 처한 위기를 헤쳐 나갈 수 있을 것입니다. 이렇게 자랑스러운 분들의 공적을 매경미디어그룹에서 함께 나눌 수 있게 된 데 대해 큰 자부심을 느낍니다.

글로벌 리더 여러분께서는 앞으로도 창조적인 마인드와 미래를 꿰뚫는 통찰력으로 우리 기업을 세계 속에 우뚝 세워주

시길 당부 드립니다. 대한민국을 지금보다 더 나은 국가, 국민이 행복한 국가로 만드는 데 앞장서주시길 바랍니다.

선정자 심사 과정에서 오랜 기간 수고해주신, 홍석우 위원장님을 비롯해 바쁜 와중에도 심사에 열성적으로 참여해주신 심사위원 여러분께도 감사의 말씀을 드립니다. 다시 한 번 2019 글로벌 리더로 선정되신 여러분께 축하의 말씀 드립니다.

추천사

2019 대한민국 글로벌 리더 선정위원장
홍석우

대한민국을 글로벌 경제 대국으로 이끄는 리더들을 발굴하자는 취지에서 2013년 처음 시작한 글로벌 리더상 시상식이 올해로 7회째를 맞이했습니다.

매년 선정된 글로벌 리더 여러분을 보면 급변하는 경영 환경과 무한 경쟁 속에서 뛰어난 리더십으로 흔들림 없이 조직과 국가의 발전을 이끌어오셨구나 하는 깊은 감회를 갖게 됩니다.

최근 우리나라 경제는 우울한 소식들뿐입니다. 믿었던 수출이 침체에 빠졌고 일자리 창출 능력도 급감하고 있습니다. 내수도 살아나지 않고 있으니 참으로 어렵다고 하겠습니다. 정부가 경기 부양에 나서고 있지만 어느 정도 한계가 있습니다.

또한 인구 감소와 초고령 사회 진입은 경제의 전반적인 활력을 떨어뜨릴 수 있는 심각한 사태입니다. 통계청에 따르면 지금처럼 초저출산이 지속되면 2100년에는 총인구가 지금의 절반으로 줄어든다고 합니다. 65세 이상 노인은 2019년 768만 명에서 2025년 1,051만 명으로 증가합니다. 인구 감소는 국가의 성장 잠재력을 갉아먹으며 늘어난 고령 인구는 막대한 재정 지출이 요구됩니다. 그 후폭풍은 상상할 수도 없을 정도입니다.

이 같은 어려움 속에서 유일한 해법은 창조적인 기업들이 나서서 경제 활력을 제고하는 것일 뿐입니다. 특히 여기 계신 글로벌 리더들이 손수 길을 개척해 새로운 희망을 보여주셔야 합니다.

우리는 이미 여러 차례 리더의 힘을 경험했습니다. IMF사태로 잘 알려진 1990년대 외환위기나 2008년 글로벌 금융위기 등 경제가 휘청거릴 때마다 리더들은 솔선수범의 자세로 우리 경제를 정상으로 돌리는 데 일조했습니다. 지금 대한민국 경제는 다시 한 번 리더의 역할을 요구하고 있습니다.

'2019 대한민국 글로벌 리더'는 서비스, 환경, 사회 공헌, 기술 혁신, 브랜드, 인재 양성, 경영 혁신, 품질 및 R&D 등 8개 분야로 나눠 각 분야에서 혁혁한 성과를 일궈낸 기업 23곳을 최종적으로 선정했습니다. 저를 포함한 선정위원들은 글로벌 리더에 부합하는 분을 찾고자 경영 성과나 재무 구조는 물론, 기업의 사회적 공헌도, 고객 만족도, 고용 창출, 노사 관계 등 지표를 고루 반영해 평가했습니다. 특히 지금보다 내일이 더 기대되는 우수한 기업 및 기관을 발굴하기 위해 노력했습니다.

선정된 글로벌 리더 여러분이 많은 기업과 청년들에게 희망이 되어주시기를 부탁드립니다. 다시 한 번 선정된 대표자 분들에게 축하와 감사의 말씀을 전합니다.

CONTENTS

GLOBAL LEADERS

회장

이선용

상해웨이나화장품

학력

1985 고려대학교 경영대학원 졸업
1987 숭실대학교 중소기업 대학원 AMP 수료
1988 고려대학교 컴퓨터 과학기술대학원 수료
1992 서강대학교 최고경영자과정 수료
2002 베이징 칭화대학교 최고경영자과정 수료

경력

1977 ㈜항진실업 설립 대표이사
1985 ㈜극동 대표이사 회장
1986 태창금속공업㈜ 대표이사 회장
1992 남동공단신용협동조합 이사장
2001 ㈜우창기업 대표이사 회장
2006 상해웨이나화장품유한공사 회장
2011 ㈜웨이나코리아 회장
2012 홍콩웨이나홀딩스 회장
2013 H.K. IOB LABS 회장
2016 ㈜V.G인베스트먼트 회장

상훈

1992 중소기업청장 표창
1994 환경대상
1996 산업자원부 장관상
1997 상공대상
1998 자랑스러운 중소기업인상
1999 대통령 표창
2013 상하이시 우수기업 은상
2015 상하이시 화장품 제조 은상
한중경영대상
2016 상하이 화장품 제조 금상
상하이 우수경영자상
2017 CES 바이오 혁신상
상하이 화장품 제조 은상
상하이 우수경영자상
2018 2년 연속 매경 글로벌 리더 대상
상하이 화장품 제조 금상
상하이 우수경영자상

THE WEINA

중국 시장 한류 화장품, 조용한 강자

최근 중국의 화장품 시장은 춘추전국시대에 비유되곤 한다. 10여 년 사이 7~10%대 경제 성장에 따라 소득이 늘어나면서 거대한 인구가 화장품을 사용하기 시작했다. 수요가 급증하면서 공급 시장의 경쟁도 치열해졌다. 세계의 유력 화장품 기업들이 중국에 진출했고 한국계 기업들의 성과도 큰 뉴스거리로 회자되고 있다.

기회의 땅으로 여겨져온 중국. 그러나 중국 화장품 시장은 결코 녹록하지 않다. 성공보다는 실패하는 사례들이 훨씬 더 많다. 현지인들의 소비 습관과 각종 정부 시책들도 무척 까다로운 장애물이다. 이런 어려운 여건에서 남다른 뚝심으로 성공 신화를 쓴 사람이 있다.

상해웨이나화장품유한공사Shanghai Weina Cosmetics Co., Ltd.의 이선용 회장. 경쟁이 치열한 중국 땅에서 '신뢰와 제일주의'를 좌우명 삼아 16년간 매진한 끝에 한류 화장품 시장의 최강자로 입지를 다졌다.

상해웨이나화장품유한공사는 2004년 '메이드 인 상하이Made in Shanghai' 제품 생산을 위한 공장 위생 및 생산 허가를 취

상해웨이나는 메이드 인 상하이 제품 생산을 위한 공장 위생 및 생산 허가를 취득해 자체 제조 생산 시설을 구축한 기업이다.

득해 자체 제조 생산 시설을 구축한 기업이다. 중국 현지에서 자체 생산 기반을 구축해 제품을 생산한다는 것은 중요한 의미를 지녔다.

우선 그 당시 현지 공장 운영이라는 것은 외국계 화장품 기업, 특히 한국계(한상 기업) 기업으로서는 대기업 태평양이나 LG를 제외하고 제조 및 유통을 추구하는 기업이 전무한 상태였다. 따라서 화장품 기업으로서 중국 소비자에게 실력을 입증해주는 중요한 자산이었다.

두 번째 의미는 당시 중국 화장품 소비 시장 규모가 전체 시장 규모의 10% 내외로 성장 가능성은 높지만 가짜 제품일명 짝퉁들과 저품질 제품들이 유통되는 시기로 소비자들로부터 의심을 많이 받는 시기였다.

따라서 소비자에게 신뢰감을 심어주는 일이 무엇보다 중요했고, 이러한 문제에 적절히 대응하는 차원에서 자체 공장을 설립, 한국의 기술력과 미용 교육을 통해 품질 효과를 더욱 증대시킴으로써 신뢰를 쌓아갈 수 있었다.

이 회장이 만든 웨이나의 브랜드들은 어느덧 중국인들에게 친숙한 이름이 되었다. 웨이나는 여느 외국계 기업들처럼 진출 초기에 시행착오와 진통을 겪었지만 남다른 인내와 고집스런 현지화 전략으로 성공을 일궈냈다. 최근 몇 년 사이 매년 30~50% 성장을 기록하고 2018년에 2억 5,000만 달러USD의 매출을 올렸다.

상하이에 공장과 본사를 두고, 서울과 제주에 연구개발팀을 운영 중인 웨이나화장품은 2019년 5월 현재 300여 명의 임직원이 재직 중이다.

중국 전역에 1만 3,000개가 넘는 가맹 미용원점포과 1,000여 개의 고급 SPA 점포를 보유하고 있다.

무신불립無信不立과 제일주의

웨이나화장품은 2003년 한국야쿠르트그룹 계열의 나드리화장품이 중국 상하이에 제조 공장을 설립하고 생산, 판매 활동을 시작한 것이 모태다. 중국 화장품 시장의 성장 잠재력과 중국 여성의 화장품·미용(건강 및 뷰티 산업 포함)에 대한 관심이 증가하는 것에 착안한 발 빠른 행보였다. 당시만 해도 중국 내 화장품 산업이 취약하고 글로벌 브랜드들이 대도시를 중심으로 시장을 장악하고 있는 상황이었다. 비록 한국의 화장품 제조 기술이 우수하다고는 하지만, 낯선 소비문화와 글로벌 강자들을 대적하기란 쉽지 않은 분위기였다.

웨이나는 시행착오를 겪을 수밖에 없었다. 이선용 회장은 지지부진하던 웨이나를 인수해 새로운 바람을 일으켰다. 2008년 인수 작업을 마무리하고 새로운 도전에 나섰다. 한국에서 청년 시절부터 40년간 사업을 하며 코스닥 상장을 시킨 경험이 있는 이 회장의 타고난 사업에 대한 감각과 승부욕 기질은 이미 많은 사람에게 알려져 있다.

웨이나화장품을 인수한 이 회장은 현 중국 시장에서 향후 20년 이상은 살아남을 수 있어야 한다는 앞선 사업가의 마인

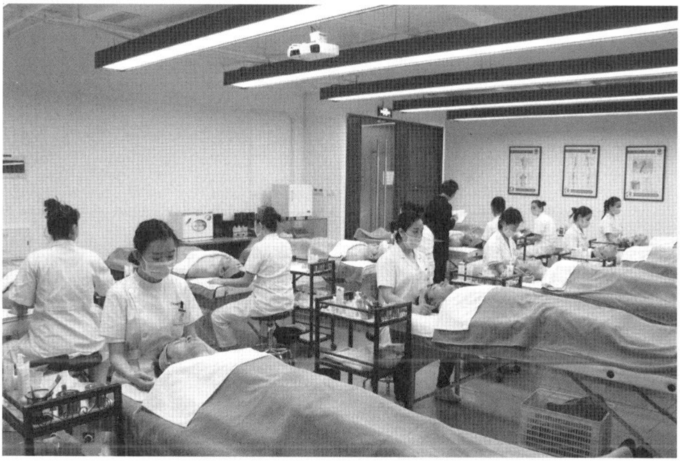

뷰티교육센터에서 화장품 판매 교육의 필요성을 인지하고 새로운 직업을 찾아 도전하는 여성들에게 피부 미용 교육을 실시하고 있다.

드로서, 제1전략으로 글로벌 메이저 브랜드들의 침투가 어려운 2~3선급 도시를 공략했다. 또한 화장품을 판매하기 위한 교육의 필요성을 인지하고 새로운 직업을 찾아 성공하고자 하는 도전 정신이 있는 여성들에게 피부 미용 교육을 가르쳐 보다 높은 수준으로 활동하게 했다.

이러한 전략은 회사의 중장기 성장을 담보할 인적 자산을 키운다는 점, 그리고 중국 내 일자리 창출과 실용 지식을 전파하는 데 기여한다는 점에서 현지화와 상생의 원리를 중시한 것이었다.

선택과 집중, 그리고 철저한 실용주의

2003년 일찌감치 중국에 진출한 웨이나화장품은 어느덧 16주년를 맞았다. 치밀한 현지화 전략으로 꾸준한 성장을 일궈온 웨이나는 현재 중국 내 화장품 및 미용 분야에서 한류 화장품 바람을 일으키며 막강한 현지 한상韓商 기업으로 자리를 잡았다.

웨이나화장품의 현재 중국 내 입지는 동종 업계 중 가장 탄탄하다. 16년 이상 자체 R&D를 비롯해 제품에 대한 믿음 없이는 아무것도 이룰 수 없다는 신념과 품질 제일주의를 고수하며 해외에서 차별화된 전략을 바탕으로 이어왔기 때문이다. 정직과 신뢰로서 양질의 네트워크와 브랜드 이미지를 구축했기에 가능한 일이었다.

이렇듯 쉽지 않은 중국 시장에서 위치를 확고하게 자리매김한 중심에는 이선용 회장의 융통성 있는 경영 철학을 빼놓을 수 없다. 이 회장은 사업적인 감각에 대해서는 늘 스스로의 판단에 자신을 갖지만, 각 분야의 전문가를 등용시켜 최고의 전문가들에게 맡기며 확실한 투자를 실천하는 실용 분담 경영 철학을 원칙으로 한다.

중국의 화장품 시장이 성숙해가는 모습을 직접 관찰하면서 남보다 한 발 앞선 계획과 투자를 실행하는 것이 이 회장의 순발력이자 사업 패턴이다. 2010년에는 아직 이르다는 주변의 만류를 뿌리치고 ERP 시스템을 구축해 전사적인 자원관리 체계도 확립하는 등 당장 눈앞의 이익보다는 미래를 위해 아낌없이 투자를 했다.

2012년부터 미용 교육의 선진화를 위해 영국 ITEC 자격증 과정을 운영하며 각 가맹점주 및 미용 전문가들에게 자격증을 취득할 수 있도록 교육 활동을 진행, 관련 업계에 신선한 충격과 선망을 받는 좋은 사례로 평가받고 있다.

오늘날 화장품 산업은 건강 및 미용 산업과 맞닿아 있다. 이 회장은 이른바 산업의 전후방 연관 효과를 강조하고 그 안에서 시너지 효과를 일으키는 쪽으로 사업을 확장해가고 있는 것이다.

이선용 회장은 회사가 지속적으로 성장하고 있음에도 불구하고 이에 만족하지 않고 미래를 위해 오랫동안 회사와 함께 길을 걸어온 대리상들의 발전을 위해 2014년에 전폭적인 투자로 베네티풀 스파BENETIFUL SPA를 출시해 가맹점을 모집했다.

세계적인 트렌드에 발맞춰 기존 미용원점포의 고급화와 경쟁

웨이나화장품은 2019년 현재 1,000호 점에 이르는 베네티풀 스파를 운영 중이다.

사와의 차별점을 두기 위해 독자적인 한국식 스파 프로그램을 개발해 도입함으로써, 웨이나 가맹점주들의 큰 환영을 받으며 모집 2년 만인 2019년 현재 1,000호 점에 이르는 베네티풀 스파를 운영 중이다.

현재 웨이나화장품은 중국 내 화장품 한국 기업한상 기업을 대표하고 있으며, 중국 화장품 소비자들에게 한류 이상의 영향력을 행사하는 기업으로 인정받고 있다.

전문화된 제품의 우수한 품질력과 선진적인 기업 문화를 갖춘 모범 기업으로 중국 정부와 소비자들에게 마음으로 인정받는 기업이 되었다.

현지화와 혁신 노력

웨이나는 종종 국적에 관한 질문을 받는다. 웨이나는 중국에서 한국의 위상을 드높이는 한국 기업임이 확실하다. 물론 정치적 갈등으로 국가 간에 서로 불편해지거나 때로는 잘못된 여론으로 인해 어려움을 겪을 수는 있으나, 이선용 회장은 자신이 정한 사업 방침으로 외국에서 사업하는 대부분의 사업가가 겪을 수 있는 무수한 위기에 대해 현지화 전략을 세워 위기를 극복해왔다.

중국 법에 의거해 정해진 세금을 충실히 내고, 많은 중국인 직원을 채용해 직원 휴게실을 회사 내부에 두어 가정같이 포근한 마음으로 지낼 수 있도록 근무 여건을 만들어주며 한국인에 대한 좋은 인상을 심어주었다. 이러한 분위기 덕인지 사드 사태에도 그다지 크게 불편함을 느끼지 못했으며 중국 정부 기관으로부터 여러 번 표창을 받기도 했다.

이 회장은 많은 부분에서 변화와 혁신을 강조했다. 외국 기업이라는 불리한 경영 환경의 체질을 변화시키고자 정도 경영과 합법 경영 체계를 구축하는 데 적지 않은 노력을 기울였다. 회사 내 각종 제도 정비는 물론 중국인과 중국 정부와의 관계를 개선하는 데 노력하고 무엇보다 품질 제일의 원칙을 소중히 하며 중국 소비자들에게 인정받기 위해 다양한 마케팅 전략을 단계별로 실천했다.

이선용 회장은 사업에 있어 늘 만족이 없는 사람이다. 2013년에는 ISO 9001/22761 인증을 취득해 품질 경영 안정화 기반을 마련한다. 2014년에는 중국 장쑤성江蘇省 쉬저우시徐州市에 EMS 물류 창고를 업계 최초 독점적으로 운영하게 되면서 중국 전 지역에 제품 배송에 따른 시간 단축은 물론 안정적인 주문 발주 및 전달 시스템을 구축하게 된다.

2019년에 들어서 최근 다소 부진한 한국 화장품 업계에 훈훈한 바람을 불어넣고 싶어 한국에서 비교적 인지도가 있는 미용협회와 본격적으로 MOU를 맺고 한국 미용업계 자격증 코스를 운영하고 있다.

몇 해 전부터 소비자와 대리상을 위해 설립한 교육센터는 한국의 미美를 본격적으로 확장 전개해가는 교두보 역할을 했다. 원거리 교육을 원활하게 하기 위해 화상 회의 시스템을 구축하고 디지털 환경을 최대한 활용하는 스마트 교육 시스템을 도입했다. 이는 현재까지도 다양한 미용 기술과 풍부한 제품 지식을 습득하는 데 사용되는 매우 유용한 역할을 하고 있다.

2016년에는 서울 구로구 가산동에 웨이나연구소를 확장 이전해, 과학적 원료 실험 및 개발을 통한 제품 품질 향상과 소비자 요구 및 시장에 부합하는 신제품을 개발하는 데 빠르게 대응하는 전문 기업으로서의 역할을 확대해 나아가기 위한 노력을 끊임없이 수행하고 있다.

아울러 웨이나는 새로운 도약을 위해 2018년 중국 상하이시上海市에 신新공장 설립을 위한 대형 부지를 확보했다. 2020년 완공을 목표로 최신식 공장 설비를 갖추고 생산 라인을 확장하는 등 기존 대비 생산 능력을 향상시키고, 끊임없는 변화와 혁신을 실현하며 미래 성장 동력을 발굴하는 데 총력을 기울이고 있다.

이선용 회장은 중국에서 벌어들인 이익을 중국 사회에 환원하는 일에도 앞장선다. '웨이나가 있는 곳에, 사랑이 있습니다'라는 슬로건을 걸고, 국적을 떠나 따뜻한 인본주의를 바탕으로 지역 공동체에 기여하는 활동을 진행하고 있다. 낙후 지역의 아이들에게 장학금을 주고, 독거노인을 위한 봉사, 소년소녀 가장 돕기, 난치병 환자 치료비 지원, 재해 현장 구호 활동 및 후원 같은 활동을 다각적으로 전개하고 있다.

웨이나화장품의 산둥 웨이팡소학교 장학금 및 학용품 지원 CSR 활동 모습.

이 회장은 평소 사업에 있어 '최고의 파트너는 임직원이다'라는 생각으로 임직원에 대한 존중과 격려를 아끼지 않는 가족 같은 경영 스타일을 내세우고 있다. 회사 설립 이후 업무에 충실한 직원 20여 명을 선발해 1년에 2번씩 해외 문화 체험 여행을 지속적으로 하고 있다.

업계 최초로 중국 내 주요 거점 지역에 버스 랩핑 광고를 실시, 한국 기업 및 제품과 한국인에 대한 긍정 이미지를 높여가는 데 기여하기도 했다. 2016년 연말에는 가맹상 중 교육 연수단 2,000명을 선발해 서울과 부산에서 한국 문화를 직접 체험하게 했다.

외국에 나와 있는 사람들에게는 모국이 친정이다. 친정이 편해야 며느리가 행복한 것처럼 대한민국이 잘 됐으면 하는 염원을 늘 품고 있는 것을 보면 웨이나는 분명 한국 기업이지 않겠는가?

최고를 향한 상하동력자승上下動力者勝

이선용 회장은 최고의 제품으로 최고의 가치를 고객에게 전달한다는 초심을 잘 지켜가려 노력한다. 자칫 진부한 구호처럼 보이는 표현이지만 모든 일은 기본에서부터 출발하기 때문에 늘 기본을 우선으로 하나하나 실천해야 좋은 결과가 나타난다고 확신한다.

이를 위해 이 회장은 매년 초 전국의 직원들을 한자리에 모아놓고 사자성어를 제시한다. 서로의 생각을 한데 모아 협심하자는 것이다. 2019년의 성어는 동주공제同舟共济로서 한마음 한뜻으로 한곳을 향해 전진하자는 뜻이다.

중국 시장에서 웨이나화장품이 성공한 비결도 이러한 모토와 관련이 있다. 이 회장은 광활한 중국에서 전국을 통제하기가 어려운 여건 속에서도 가맹상과의 지역적인 거리를 좁히기 위해 직원 대회에 최고 대리상을 초대하거나 각 지역에서 주최하는 토론회에 참석하는 등 관심과 노력을 기울인다. 특히 미용 교육을 위한 원격 화상 시스템은 효과적인 매출은 물론 많은 가맹상이 회사를 믿고 의지하며 돈독한 관계를 이어가고 있다.

웨이나가 현재의 입지를 구축하는 데 최고의 자원은 어느 회사보다 강한 인적 연대감이다. 소통, 투자, 공유 같은 개념들을 바탕으로 지역 대리상들과 끈끈한 신뢰와 유대를 형성해온 것이 바로 웨이나를 성장시킨 원동력이다. 한마음 한뜻을 위한 노력이 이 회장의 첫 번째 경영 철학이자 노하우다.

이 회장은 최고의 제품과 서비스를 제공하기 위해 늘 전문가 그룹과의 대화 채널을 열어놓고 인재를 발굴하는 데 앞장서고 있다.

2013년부터 이어지고 있는 한국 내 유수의 대학과의 산학협력, 특히 제주대학교와의 산학협력은 대표적인 전문가 그룹과의 융합을 위한 노력의 일환으로 평가받고 있다. 공동 연구과제를 수행한다거나, 매년 취업을 앞둔 우수한 재학생들에게 장기간의 인턴 과정을 운영해 취업을 준비하는 데 도움을 주

우수 바이어 3,000명을 초대해 치른 행사에서 상해웨이나화장품의 상생의 정신을 엿볼 수 있다.

는 활동을 약 7년 동안 쉬지 않고 이어가고 있다.

더욱이 제주대학교 출신 졸업생을 직원으로 채용해 제주대학교 내에서는 선망의 기업으로 평가받고 있다. 실질적인 인적 교류를 실천하고 있는 것이다. 사내에서도 내부 전문가 육성을 위해 각종 교육 프로그램을 진행함은 물론 한중 직원 간의 원활한 소통과 화합을 위해 매주 3회의 정기적인 언어 교육을 수행하고 있다.

이러한 활동들이 알려지게 되면서 웨이나화장품은 한중 양국 정부와 국민으로부터 인정받고 사랑받는 기업으로 발전해가고 있다. 이는 전 임직원이 '상하동력자승'이 되어 노력했기에 가능했던 일이다. 중국인과 한국인, 대리상과 회사 등 서로 다른 2가지를 융합할 수 있는 것, 그리고 모두가 공존하고 발전할 수 있는 원동력은 바로 '상생相生'의 정신이라고 이선용 회장은 강조한다. 물이 낮은 곳에 모이는 것처럼 사람도 겸손한 자에게 모이게 된다는 것이 이 회장의 지론이다. 그는 "겸손한 자세로 진정성을 갖고 상대방을 존중하고 청취한다면 상대는 존중을 받았다는 기분으로 우리에게 마음을 열게 되고 진정한 상생의 기반이 비로소 마련된다"고 말한다.

30 기본에 충실하며 4차 산업혁명 대비

이선용 회장의 제일주의는 미래 가치를 선도적으로 배양하는 데서도 잘 드러난다. 이 회장은 주변 산업의 흐름을 보면서 3년 전부터 조용히 심혈을 기울여온 분야가 있다. 바로 온라인과 첨단 과학 영역이다. 중국의 현재 상거래 패턴에 분명 변화가 올 것이며, 미용 시장도 첨단 과학으로 무장하지 않으면 경쟁에서 뒤질 것이라는 점을 확신하고 있다.

그래서 웨이나 사내에 전략팀을 만들고 온라인 유통과 첨단 기기를 제조하는 데 열중해오고 있다. 최근에야 매스컴에 알려지고 있는 이른바 4차 산업혁명에 남보다 먼저 소리 없이 대비해왔다. 첫 성과로 인공지능을 이용한 모바일 피부 분석기를 개발해 2017년 1월 미국 라스베이거스에서 개최된 세계 최대 가전 박람회 CES에서 혁신상Innovation Awards을 수상하기도 했다.

이 회장은 기존의 생산과 유통에 최선을 다하면서도 디지털 시대의 산업 고도화를 염두에 두고 또 다른 실험과 도전을 게을리하지 않고 있다. 이러한 노력은 단순히 통찰력의 소산이라기보다는 진정한 승자가 되기 위한 승부사적 기질에서 비롯된 것으로 보인다.

하루가 다르게 급변하는 세계에서 중국의 화장품 시장도 큰 변화를 겪을 것으로 예상되는 가운데 일반적인 온라인 사업이 아닌 웨이나만의 독창적이고 차별화된 온라인 사업을 준비하면서 5년 안에 한 번 더 도약하겠다는 것이 이 회장의 포부다.

후배들을 위한 조언

이선용 회장은 웨이나화장품이 2003년 출범 이후 지금까지 수많은 시행착오를 겪었다는 사실을 숨기지 않는다. 수많은 고난과 역경의 시간 속에서 우수한 제품이 만들어지고, 신뢰성 있는 유통망이 형성됐으며 현지화 전략을 수행할 수 있는 인재들이 모여 지금의 웨이나화장품을 일궈냈다는 사실을 누구보다 잘 알기 때문이다.

중국 시장에서 어려움을 겪고 있는 기업인이나 중국 진출을 준비 중인 후배 기업인이라면 이선용 회장의 경영 노하우를 귀담아 들어볼 만하다.

"저희는 중국의 대형 로컬 기업이나 다국적 기업들과 같은 방법의 채널로는 경쟁할 수 없다고 판단하고, 우리 제품의 우수성이나 우리 회사만의 장점을 부각해 차별화된 전략으로 시장 선점을 시작했습니다.

중국의 1급 도시가 아닌 2~4급 도시 및 현급 도시 위주로 공급망을 넓혀가면서 시장의 기초를 다지고 역량 있는 대리상과의 협력 관계를 구축함으로써 유통공급망의 뿌리를 내렸습니다. 백화점이나 대형 쇼핑몰에 공급 및 입점하지 않고 각 지역에 역량 있는 대리상들을 모집하고 가맹해 협력 관계를 구축한 것이 웨이나의 성패를 좌우했다고 생각합니다.

중국 유통 시장의 특징 중 하나가 공급망 인프라 및 소매

밀집도로 인해 대리상의 역할이 매우 중요하다는 것입니다. 중국 현지에 맞는 유통 전략과 우수한 대리상들을 적극 지원해 매출을 촉진시키고 역량을 강화해 회사와 대리상이 함께 발전하는 '상생' 문화를 만들어가고 있습니다.

돌이켜보면 이 모든 것이 기본에 충실하고 그 가치를 잃지 않고 견지해온 것인지도 모르겠습니다. 중국에서는 더욱 그러한 것 같습니다. 중국 사람들을 진심으로 존중하고 사랑하는 마음과 진정으로 신뢰를 받고 감동을 줄 수 있도록 하는 것은 결국 기본에 충실한 것이라고 생각합니다."

회장
강성자

㈜에이치알에스

경력

2006~2017	㈜에이치알에스 대표이사
2013	저소득층 후원금 기탁(평택시)
	모교사랑 발전기금 기부(진명여고)
	IBK기업은행 참좋은 사랑의 밥차 행사 지원
2014	행복나눔 사랑의 이웃돕기 성금 기탁(평택시)
	경기문화재단 문화예술이음 행사 기부금 기탁
2017~현재	㈜에이치알에스 회장

상훈

2010	경기도중소기업청 경기중소기업인상
2012	평택세무소 모범납세자상
2014	이달의 자랑스러운 중소기업인상
2015	중소기업인대회 은탑산업훈장
2016	중소기업중앙회 제5차 중소기업을 빛낸 얼굴들

Silicone Technology
HRS

제조업 뿌리, 실리콘 고무로 세계 제패

에이치알에스HRS는 1981년 설립된 국내 최고의 실리콘 전문 화학 기업으로 경기도 평택시에 본사를 두고 있다. 액상실리콘LSR 기준 국내 실리콘 고무 시장 점유율 1위, 고상실리콘HCR은 2위를 달리고 있다.

에이치알에스가 개발한 규소 고분자 화합물을 이용한 특수 실리콘 소재는 전자, 전기, 자동차, 통신, 의료, 생활용품 등 다양한 분야에서 널리 사용되고 있다. 뿐만 아니라 에이치알에스는 자체 개발한 실리콘 소재를 전방 산업 제품의 용도와 특성에 따라 맞춤형으로 제조해 공급하고 있다. 특수 그레이드의 다품종 소량 제품도 신속히 공급해 고부가 가치를 창출해내도록 하고 있으며, 품질 경쟁력을 통한 고부가 가치 제품의 시장을 확대하는 데도 노력하고 있다.

국내 최초 실리콘 전문 기업

1978년 5월 1일 설립된 해룡통상이 1981년 7월 1일 주식회사 해룡실리콘으로 법인 전환됐으며 2007년 3월 23일 지금의

에이치알에스는 국내 최고의 실리콘 전문 화학 기업으로 경기도 평택시에 본사를 두고 있다.

사명으로 변경되었다.

에이치알에스는 국내 최초로 실리콘 고무 컴파운드를 개발하여 38여 년 동안 실리콘 외길을 걸어왔다. 대한민국 최초로 실리콘 고무 배합 제조 기술, 폴리머 합성 기술, 특수 기능성 실리콘 배합 기술 등을 개발해 각종 기간산업에 소요되는 300여 종의 실리콘 고무 소재를 국내 및 글로벌 시장에 판매하고 있는 독특한 실리콘 전문 기업이다.

에이치알에스는 일찌감치 평택, 아산공장에 대규모 실리콘 생산 설비를 구축했다. 연간 약 1만 톤 이상의 실리콘을 생산해 판매하고 있으며 사업 영역 확장을 위해 기존 HCR, LSR, RTV, SS, PSA 사업뿐 아니라 치과인상재DM, 화장품용 실리콘 원료 등 특수 화학 시장을 지속적으로 확대해가고 있다. 생산 설비에 대한 신규 투자를 지속했으며 대단위 용량 계획을 통해 생산 능률 및 생산 능력CAPA을 지속적으로 늘려갔다. 산업 발전에 따른 실리콘의 지속적 수요 증가를 미리 대비했고 생산 설비 자동화도 점진적으로 구축했다.

우리의 생활 속에서 항상 만나는 HRS 실리콘

40여 년간 에이치알에스는 인류의 삶을 더 건강하고 편리하게 만들기 위해 오랫동안 고민해왔다. 그 노력은 이전까지 없던 새로운 친환경 신소재인 실리콘을 탄생시켰다. 비로소 오늘날 우리는 매일 익숙하고 일상적인 생활 곳곳에서 환경 친화적이고 안전하며 우수한 실리콘 고무를 만날 수 있게 되었다.

최근 석유 화학 소재 및 플라스틱 제품 사용이 지구 환경과 인체에 유해하다는 의견이 점점 커지고 있으며, 이에 전 세계적으로 환경 파괴 이슈는 더욱더 부각되고 있다. 그로 인해 친환경 화학 소재의 수요가 매년 증가하고 있는데 그 중심에 있는 것이 바로 실리콘이다.

실리콘은 자동차 산업 특히, 미래형 자동차라 불리는 전기

자동차의 핵심 부품인 배터리의 방열 소재로도 각광받고 있어 향후 사용이 더욱 늘어날 전망이다. 또한 디지털 시대에 적용되는 다양한 제품에 사용되고 있으며 기초 화학 산업부터 응용 화학 산업, 다가올 4차 산업까지 모든 분야에서 반드시 필요한 첨단 신소재다.

화학 소재 특화 기업 지향과 세계 시장으로의 도약

최근 전 세계적인 실리콘 수요의 증가는 자연스레 매출 향상으로 이어졌다. 에이치알에스 매출은 2016년 538억 원, 2017년 630억 원, 2018년 약 680억 원으로 괄목할 만한 성과를 기록했다. 이는 전자/전기 분야 및 자동차 산업에서의 방열 소재로 각광받고 있는 것과 친환경 및 무해한 특성으로 인해 생활용품 및 유아용 제품에 적용되는 부분, 2017년 신규 사업의 일환으로 시작한 화장품 산업(실리콘 원료)에서의 점진적인 성과, 치과인상재 신규 제품Fast, Bite Type의 출시 등 내수 및 수출 판매에 적절한 균형을 유지한 결과로 볼 수 있다.

매출 다변화 전략으로 중국 쑤저우蘇州 생산 기지 증설과 지속적인 해외 판매 대리점 발굴을 통해 세계 시장을 향한 도약에 최선의 노력을 다하고 있다. 이렇듯 오늘날 에이치알에스의 성공은 국내외 다양한 협력사와 유기적인 관계를 유지해온 덕분이기도 하다. 현재도 주요 원재료 공급사와 각종 원자재 수입사 등과 긴밀한 협조 관계를 유지하고 있으며, 해외 세일즈 대리점 수는 점점 증가하고 있다. 진행 중인 해외 세일즈 네트워크 역시 경영 성과를 달성하는 데 큰 버팀목이 되고 있다.

에이치알에스는 글로벌화가 살길이라는 판단에서 해외 신규 세일즈 에이전트 확보 등 지금 이 순간에도 시장을 발굴하는 데 최선을 다하고 있다.

2019년부터는 미래 먹거리 창출 및 사업 확장성을 위해 다양한 신규 산업 및 개발 아이템을 중심으로 사업을 진행할 예정이다. 실리콘용 첨가 원자재 유통 사업과 현재 개발 완료 단계인 불소 실리콘, 하드 코팅, 실리콘 오일 유통 사업 등 다양한 제품과 서비스를 제공하는 화학 소재 전문 기업으로서의 발돋움을 준비하고 있다.

에이치알에스의 경영 이념은 '연구 개발, 기술 성취, 책임 생산으로 고객과 함께 세계적 기업으로 성장한다'는 한마디로 요약된다. 가장 먼저 효율적인 연구 개발을 통해 제품 경쟁력

매출 다변화 전략의 일환으로 중국 쑤저우 생산 기지를 증설했다.

을 강화하고 신사업 창출을 선도한다. 뛰어난 기술을 성취하기 위해 조직 간 핵심 역량을 강화시키고 명확한 목표를 수립한다. 마지막으로 신뢰를 바탕으로 믿을 수 있는 품질의 제품을 생산하고, 책임감을 가지고 생산한 제품에 대한 프라이드도 남다르다.

이 같은 원칙을 통해 최종적으로 '최고의 품질을 통한 고객만족 실현'을 달성하는 것이 목표다. 에이치알에스는 지금 상황에 만족하지 않고 모두의 나은 미래를 위해 뜨거운 열정으로 올곧게 한길을 걸으며 실리콘 산업 발전에 꼭 필요한 중추적 역할을 하고 있다. 지속적인 경영 혁신과 신기술 개발을 통해 내부 역량을 강화하고 밖으로는 기업 이미지 제고와 고객만족 경영 실천으로 소재 산업을 선두 하는 기업이 되려 한다.

4차 산업혁명 시대, 뿌리 될 것

화학 산업은 지금도 끊임없이 발전 중이다. 매일 신기술이 도입되고 새로운 제품들이 쏟아진다. 도태되는 순간 걷잡을 수 없이 추락한다.

그래서 강성자 회장은 에이치알에스 임직원들에게 "실패를 두려워 말고 창조적인 사고방식을 통해 노력할 것"을 당부한다. 신기술이 탄생하고 신제품이 발명되려면 실패를 두려워하지 않고 다시 도전하게끔 지원해줘야 한다. 능동적이고 적극적인 도전 정신이 회사 미래를 밝게 만드는 것이다.

에이치알에스는 임직원 개개인에게 자신의 분야에서 최고가 될 수 있도록 분명한 목표와 성취욕을 갖게끔 교육하고 있다. 실력으로 성공을 쟁취하기 위해 많은 지식과 능력을 단련시켜가는 가운데 회사의 미래 또한 밝아진다는 것이 강성자 회장의 지론이다. 그만큼 회사 분위기 또한 밝다.

에이치알에스는 '행복, 존중, 성공' 3가지를 지향한다. 행복과 즐거움을 동시에 추구하고 직원 간 서로를 존중하며 협력사와 상생을 중시한다. 이 같은 기본 가치를 지키다 보면 자연스레 성공이란 열매를 임직원 모두가 얻을 수 있는 것이다. 이를 위해 에이치알에스 경영진은 희망과 적성을 고려한 부서 배치, 공정하고 객관적인 평가, 더 많은 과제와 교육 훈련 기회 제공 등 직원 개인의 역량을 양껏 발휘하고 개발할 수 있도록 배려한다. 이러한 성과에 대해서는 차별 없이 공정하게 보상하고 있다. 강성자 회장은 에이치알에스의 원칙인 최고의 능력, 최고의 성과, 최고의 대우가 기업 문화로 더욱 공고히 자리 잡을 수 있도록 앞으로 더욱 노력할 방침이다.

몇 년 전부터 대한민국 제조 기업들은 IT로 연결된 똑똑한 공장인 '스마트 팩토리'에 눈을 돌리고 있다. 조립과 포장도 자동으로 할 정도다. 공장에 인력이 거의 필요 없는 시대도 머지않았다.

4차 산업혁명은 제조업의 모양과 형태를 점차 변화시켜가고 있다. 4차 산업혁명은 제조업의 생산성을 향상시킬 것으로 기대되고 있다. 기존 원거리 대량 생산 방식에서 근거리 개별 생산 방식으로 변화될 것이다. 이는 3D 프린터가 가져올 큰 변화이며 이를 통해 재고를 보유할 필요도 적어지고 공장이 보다 수요자에 가까운 곳으로 이동할 것이다.

이러한 제조업의 서비스화가 진행되면 비즈니스 모델 혁신이 유발된다. 과거 제조 기업들은 제품의 생산과 판매에서 주

"실패를 두려워 말고 창조적인 사고방식을 통해 노력"한 결과, '천만불 수출의 탑' 수상자로 선정되었다.

된 가치를 창출했지만 점차 서비스 기능(연구 개발, 디자인, 마케팅, A/S 등)을 통해 많은 가치를 창출할 것이다. 4차 산업혁명 시대에는 제품 및 자본재 수요도 감소한다. 소유보다는 사용의 개념이 강해지는 공유 경제가 소비자와 생산자를 막론하고 일반적인 경제 양식으로 자리잡아갈 것이다. 기업의 비용이 감소하고 효용 및 생산성이 증대되는 효과를 불러오겠지만 공유되는 자본재를 통해 이윤을 창출하는 기업들은 수요 감소라는 부담이 작용할 것이다.

4차 산업혁명이 이슈가 된 이후 이미 선진국들은 제조업의 혁신 필요성을 인식했고 각종 신기술과 활용 방안을 탐색하며 어떻게 새로운 생산 혁명을 이룰 수 있을지 모색하고 있다. 에이치알에스도 4차 산업혁명의 흐름에 도태되지 않고 적극 편승해 새로운 변화에 대응해갈 예정이다. 그래야만 다가올 4차 산업혁명 시대에 낙오되지 않고 지속 성장하는 기업으로 발전할 수 있기 때문이다.

인재 중심 경영을 통해 에이치알에스는 앞으로 다가올 4차 산업혁명 시대에도 업계를 선도할 계획이다. 로봇과 AI, 자동화 시스템, 스마트 팩토리 등이 몰고 온 4차 산업혁명은 대한민국 제조업을 뿌리부터 바꿔놓을 전망이다.

에이치알에스는 4차 산업혁명 시대에도 제조업이 튼튼하게 뿌리로 자리 잡아야 응용 기술이 성장할 수 있다는 생각으로 화학 제조 기업으로서 경쟁력을 더욱 강화할 방침이다.

"실패를 두려워 말고
창조적인 사고방식을 통해
노력해야 한다."

회장
강성희

캐리어에어컨㈜

경력

2000~현재	㈜오텍 대표이사/회장
2011~현재	캐리어에어컨㈜ 대표이사/회장
	캐리어냉장(유) 대표이사/회장
2016~현재	오텍-오티스파킹시스템 대표이사/회장

상훈

2005	대통령상(신기술 실용화 부문)
2008	은탑산업훈장
2009	모범납세자상
	한국을 빛낸 창조경영인(사회책임 부문)
	노사 상생 양보교섭 실천기업 인증
2010	자랑스런 한국인 대상
	한국을 빛낸 창조경영인(R&D경영 부문)
2011	한국 참언론인 대상 공로상
2012	서울특별시 장애인 체육대회 표창장
2013	대한민국 글로벌 리더 선정(창조경영 부문)
	대한민국 창조경제 리더 선정(사회책임경영 부문)
2014	대한민국 글로벌 리더 선정(창조경영 부문)
	고용노동부 노사협력 최고경영자 선정
	행복더함 사회공헌 대상(복지사회공헌 부문)
	고령친화사업 육성사업 유공분야 보건복지부 장관 표창
2015	대한민국 글로벌 리더 선정(창조경영 부문)
	한국을 빛낸 창조경영 대상(R&D경영 부문)
2016	한국을 빛낸 창조경영 대상(R&D경영 부문)
	대한민국 녹색경영대상 대통령 표창
2017	제11회 EY최우수기업가상(산업 부문)
2018	대한민국 글로벌 리더 선정(매경미디어그룹 6년 연속 수상)
	한국을 빛낸 창조경영 대상(중앙일보 4년 연속 수상)
2019	한국의 영향력 있는 CEO 선정(TV조선 5년 연속 수상)

Carrier

캐리어에어컨

미래는 예측의 대상이 아니라 창조의 대상

강성희 캐리어에어컨 회장은 초연결성과 초지능화, 융합화로 대표되는 4차 산업혁명 시대를 맞아 '30, 30, 30' 경영 방침을 바탕으로 매년 경영 혁신을 이뤄가고 있다.

'30, 30, 30' 경영 방침은 매년 30%의 매출 신장, 30%의 제품 라인업 혁신, 30%의 영업 인프라 혁신을 통해 지속 성장 가능한 회사로 발돋움한다는 발상이다. 빠르게 변하는 산업 환경 변화에 유연하게 대처하고, 미래 먹거리 발굴에 보다 적극적으로 나서기 위한 청사진이다.

강성희 회장은 "미래는 예측의 대상이 아니라 창조의 대상"이라고 강조하며, 세상에 없던 새로운 가치를 창조하기 위해 지금까지 총 1,000억 원 이상의 금액을 연구 개발에 과감하게 투자해 혁신의 속도를 높여왔다.

특히 모든 산업이 융복합 되는 시대를 맞아 모회사인 ㈜오텍를 비롯해 캐리어에어컨, 캐리어냉장, 오텍오티스파킹시스템 등 오텍그룹의 그룹사 간 핵심 기술 및 우수 인력의 교류를 강화하고 인공지능AI, 사물인터넷IoT 등으로 대표되는 차세대 신기술을 전 제품 라인업에 적용해 시너지를 확대하고 있다.

서울 IFC몰에 설치된 '캐리어 초대형 공기정화 시스템' 모습.

최근에는 온라인과 오프라인 간의 경계가 사라지고 하나가 되는 '온라이프Onlife' 시대가 도래함에 따라 새로운 비즈니스 모델을 창출할 수 있는 다양한 패러다임의 전환을 추구하고, 디자인 혁신 및 차세대 신기술 개발에 집중해 기업 경쟁력을 강화하고 있다.

조직, 영업, 유통, 물류 등 경영 프로세스 전반에 걸쳐 불필요한 요인을 제거하는 '심플 워크Simple Work'를 실현해 생산성과 효율성을 높이고, 모든 구매 절차를 한 번의 클릭으로 해결하는 '원 클릭' 시스템을 도입해 고객 만족을 극대화하겠다는 각오다.

강성희 회장은 AI, IoT, 빅데이터 등의 4차 산업혁명 신기술을 활용한 '디지털 플랫폼'을 구축해 고객 만족을 극대화하는 솔루션 기업으로 성장하겠다는 목표를 함께 제시하고 있다.

빅데이터에 기반한 AI 기술로 제품 모델링부터 공정 설계, 생산, 애프터서비스까지 모든 것을 하나의 플랫폼에 담아서 운영하고, IoT 기술을 기반으로 고객이 원하는 서비스를 맞춤형으로 제공하는 솔루션 기업으로 도약한다는 구상이다.

향후에는 판매자와 소비자가 하나로 연결되는 정보 시스템을 구축해 그 안에서 새로운 가치를 창출하고, 미래 신사업을 발굴하는 데 적극 나설 계획이다.

공기에 차별화된 전문성, 에어솔루션 전문 기업으로 성장

캐리어에어컨은 글로벌 캐리어와 자본 및 기술 합작을 통해 친환경, 고효율 제품을 제공하는 국내 에어컨 업계 3위 기업이다. 가정용부터 상업용, 산업용까지 공조 부문의 전 제품 라인업을 구축해 차별화된 가치를 제공하며 대한민국을 넘어 글로벌 시장까지 빠르게 위상을 높여왔다.

특히 캐리어에어컨은 오랜 시간 에어컨을 연구하면서 축적한 냉난방 공조 기술과 공기에 대한 전문 기술 노하우를 바탕으로 에어컨, 공기청정기, 의류건조기 등의 에어케어Air Care 전문 가전의 출시를 확대해 공기에 차별화된 전문성을 가진 에어솔루션 전문 기업으로 거듭나고 있다.

2019년에는 국내 에어컨 제조사 BIG3 중 최초로 자체 렌탈 서비스 사업을 시작했다. 캐리어에어컨은 인버터 에어컨과 냉난방기, 공기청정기, 의류건조기 등의 전문 가전 렌탈을 시작으로 향후에는 헬스케어 전문 가전까지 렌탈 제품 라인업을 확대해 비즈니스의 영역을 확장해갈 계획이다. 신제품 출시에도 박차를 가하고 있다. 각 계열사의 핵심 기술이 모이는 허브인 오텍그룹 R&D센터를 중심으로 혁신 기술 및 제품 개발의 속도를 높여 다양한 전문 가전을 출시하고 있다.

2019년 1월 출시한 'The Premium AI 에어로 18단 에어컨'은 사용자의 취향에 따라 에어컨 바람 세기를 18단계로 조절할 수 있는 '18단 프라이빗 에어 컨트롤' 기술과 빅데이터 기반의 '프리미엄 AI 에어케어PMV' 기술을 적용해 사용자의 특별한 조작 없이도 에어컨이 스스로 공기 질을 분석하고, 가장 최적의 실내 환경을 제공하는 제품이다.

일본의 에어케어 시장을 주도하고 있는 파나소닉의 특허

The Premium AI 에어로 18단 에어컨은 사용자의 특별한 조작 없이도 에어컨이 스스로 공기 질을 분석하고, 가장 최적의 실내 환경을 제공하는 제품이다.

기술 '나노이nanoe™ 제균'을 적용한 '인공지능 나노이 파워 청정'으로 사계절 미세 먼지로 오염되기 쉬운 실내에 획기적인 공기청정 및 제균, 탈취를 실현하며, IoT 기술을 기반으로 한 다양한 서비스를 지원해 제품의 모든 기능을 리모컨 없이도 AI 음성 인식과 스마트폰 외부 제어를 통해 손쉽게 조작할 수 있는 것이 특징이다.

2018년 10월 출시한 '캐리어 클라윈드 공기청정기 에어원 AIR ONE'은 토탈 공기청정 솔루션 시스템을 구축하고 있는 캐리어에어컨의 기술 노하우가 집약된 제품이다. 미세 먼지를 99.95% 제거하는 H13급 헤파 필터와 나노이 기술을 적용한 '6단계 안심 공기청정 시스템'으로 프리미엄 공기청정기 시장의 새로운 지평을 열었다는 평을 받고 있다.

6단계 안심 공기청정 시스템은 프리 필터, 헤파 3중 필터, 탈취 필터, 나노이를 적용해 0.3마이크로미터㎛ 크기의 미세 먼지를 99.95% 제거하며, 공기 중의 바이러스와 5대 유해 가스를 효과적으로 제거한다. 나노이는 캐리어에어컨이 프리미엄 제균 및 탈취를 실현하기 위해 새롭게 도입한 기술로 물에 포함된 미립자 이온 수분으로 만들어져 안전하며 공기 중의 바이러스균, 가스 등을 효과적으로 억제함으로써 강력한 제균 및 탈취 성능을 발휘하는 것이 특징이다.

2018년 6월에는 최초로 클라윈드 의류건조기 4종을 출시해 전문 가전제품 라인업을 확대했다. 저온 제습 건조 히트펌프 타입(10㎏) 의류건조기는 히트펌프 시스템을 이용한 공기 순환 방식을 채용해 옷감의 손상을 최소화한다. 고온 열풍의 히터 타입(3㎏) 의류건조기는 소용량 제품으로 크기는 작지만

캐리어 클라윈드 공기청정기 에어원은 토탈 공기청정 솔루션 시스템을 구축하고 있는 캐리어에어컨의 기술 노하우가 집약된 제품이다.

뛰어난 제품력으로 신혼부부나 원룸, 오피스텔 등에 거주하는 1~2인 가구에게 높은 호응을 얻고 있다.

빌딩 솔루션 업계 퍼스트 무버로 도약

강성희 캐리어에어컨 회장은 "4차 산업혁명의 핵심은 개방과 협력, 상생에 있다"고 강조한다.

이러한 강성희 회장의 기조 아래 캐리어에어컨은 세계적인 글로벌 공조 시스템 기업인 UTC 산하의 글로벌 네트워크를

캐리어에어컨은 '제15회 한국국제냉난방공조전HARFKO 2019'에 참가해 BIS를 소개하고, 핵심 기술 '어드반택'이 적용된 사례와 성과를 알렸다.

활용해 기술 및 인력 교류를 강화하고, 제품 개발부터 판매까지 장벽 없는 협력에 나서고 있다.

캐리어에어컨의 미래 신성장 동력 사업인 BISBuilding Intelligent Solution 운영에서도 UTC와 기술 공유를 통해 국내 최초로 어드반택AdvanTEC 알고리즘을 도입했다. BIS는 초고층 빌딩, 산업 플랜트 등에 적용되는 각종 고효율 냉난방 공조 기기와 빌딩의 에너지를 관리하는 소프트웨어를 함께 공급해 건물 전체의 에너지 소모를 절감하는 스마트 빌딩 솔루션이다.

냉난방·공조·엘리베이터·보안·조명 등 빌딩 내 모든 설비를 건물 구조에 맞게 설계해 최대한 낮은 전력으로 높은 효율을 이끌어내는 통합 관리 시스템을 뜻한다. BIS의 핵심 기술인 어드반택은 건물의 종류와 특성에 따라 실내를 쾌적하게 유지하면서 에너지는 효과적으로 절감하는 스마트 기술이다.

우리나라에는 국내 초고층 랜드마크로 자리 잡은 서울 여의도 IFC빌딩에 처음 적용해 획기적인 에너지 절감 효과를 창출한 바 있으며, IFC빌딩 성공 사례를 바탕으로 국내 유수의 호텔 및 기업체에 비즈니스를 확대해가고 있다.

국내 대형 엔지니어링 및 건설사와 협력해 해외 현지 공장에 캐리어의 냉동기 등 BIS 제품을 공급하고 설치하는 형태로 중국, 중동 등 해외 시장을 개척하고 있다.

이웃과 함께 성장하는 글로벌 일류 모범 회사

강성희 캐리어에어컨 회장은 맹목적인 성장보다는 지역 사회와 상생하고, 소외된 이웃에게는 따뜻한 희망을 주는 '글로벌 일류 모범 회사'를 지향한다. 특히 모회사 ㈜오텍이 장애인의 이동 편의 증진을 위한 특수 목적 차량을 생산하는 만큼 오랜 시간 장애인 복지 발전에 관심을 갖고 후원해오고 있다.

2018년에는 평창 동계올림픽 및 패럴림픽 조직위원위원회와 '교통 약자의 안전하고 편리한 수송을 위한 MOU'를 체결하고, 대회 유치부터 폐막까지 장애인 등 교통 약자의 수송 역할을 자처하며 국제 행사의 성공적인 진행을 도왔다.

개막 전 열린 성화 봉송 기간 총 108일 동안 300여 명의 성화 봉송 주자에게 이동 편의를 지원했다. 대회 기간 중 300여 명의 운전자에게 차량 점검 및 교육을 지원하는 등 안전 수송을 위한 다양한 서비스도 제공했다.

강성희 회장은 뇌성마비 장애인을 위해 고안된 특수 구기 종목인 보치아와 보치아 국가대표팀도 2009년부터 10여 년 이상 후원하고 있다. 2012 런던 장애인올림픽, 2016 리우 패럴림픽 개최 당시 보치아 국가대표 선수단을 지원해 올림픽 8연패를 달성하는 쾌거를 만드는 데 일조했으며, 보치아 저변 확대를 위한 다양한 활동을 전개하고 있다. 강성희 회장은 보치아 발전에 기여한 공로를 인정받아 2015년부터 4·5대 대한장애인보치아연맹 회장을 역임하고 있다. 보치아 저변 확대를 위해 장애인과 비장애인이 함께 참여할 수 있는 국내 대회를 다수 개최한 바 있으며, 국내 선수들에게 다양한 기회를 제공하기 위해 국제 대회를 유치하는 데도 힘쓰고 있다.

평창 동계올림픽 조직위원회와 교통 약자 안전 수송을 위한 MOU를 체결하는 모습.

2015년 서울에서 열린 보치아 세계 대회 '2015 보치아 서울국제오픈'이 대표적으로, 이 대회는 아시아에서 열린 최초의 보치아 세계 대회였다. 강 회장은 전국 17개 시도에서 장애인과 비장애인 320여 명이 참가한 전국보치아어울림대회를 개최하는 등 보치아의 저변 확대 및 생활 체육화를 도모하는 다양한 노력을 기울이고 있다.

강성희 회장은 캐리어에어컨이 성장해 글로벌 기업으로 도약하고 있는 만큼 앞으로 사회 공헌 활동의 규모와 분야도 점차 키워간다는 계획이다.

대표이사

김영귀

KYK김영귀환원수㈜

학력

2004	대구대학교 경영대학원 수료
2005	서울대학교 국제대학원 GLP 수료
2006	서울대학교 자연과학대학 SPARC 수료
2007	청도이공대학교 경영학 박사학위 취득
2010	산동대학교 경영대학원 글로벌 CEO 과정 수료
2012	고려대학교 경영대학원 AMQP 수료
2014	KAIST 글로벌 중견기업 아카데미과정 수료

경력

1980~2019	물 과학 연구 40년
2004~2017	MBC, SBS, KBS, TV조선, MBN 등 물 전문가 TV 출연 다수
2004~2019	KYK김영귀환원수㈜ 대표이사
2005~2019	KYK과학기술연구소 소장
2008~2019	중국 청도이공대학교 석좌교수 ㈔한국대학발명협회 고문
2010	산동대학교 초빙교수
2014	세계 최초 IRB 승인 서울대병원 임상 85.7% 고효과 입증
2015	세계물포럼 참가, 물 과학 연구 발표
2016~2019	8개국 정상회담 경제사절단 참가 5,000만불 MOU 체결

상훈

2005	과학기술부총리상 수상
2008~2017	독일, 스위스 등 국제발명전 금메달 13관왕
2009	지식경제부 장관상
2011	제46회 발명철탑산업훈장 수훈
2011~2012	신기술으뜸상(2년 연속)
2013	일본 세계천재인대회 금상 수상 아시아로하스 대상 환경부 장관상 수상
2015	홍콩 국제 혁신디자인 및 기술제품 최우수상
2016	보건복지부 장관상
2019	대한민국 지식경영 노벨물과학대상 수상 매경 글로벌 리더 대상 6년 연속 수상

김영귀 수소 환원수

물 과학 연구 40년

'인간이 하는 모든 일 중에서 가장 의롭고, 가장 고귀하며, 가장 위대한 일'이라는 굳은 신념과 철학으로 물 과학 연구 장인으로서 외길을 걸어온 지 올해 40년을 맞는다고 한다.

김영귀환원수㈜ 대표 김영귀. 왜 이러한 굳은 신념과 철학을 가지게 되었을까?

김영귀 대표는 1952년 지리산 자락 한 마을에서 태어났다.

때는 보릿고개 시대. 태어났을 때부터 배고픔의 설움을 겪어야 했다. 그때 사람들은 요즘 사람들처럼 좋은 집과 좋은 자동차를 갖기를 원하거나 부와 명예를 원하지 않았다.

요즈음 사람들은 이해하기 어렵겠지만 너무나 단순한 그저 배불리 먹는 게 소원이었다.

무슨 암에 걸렸거나 사고 같은 것을 당해 삶을 이어가기 어려운 것이 아니라, 사지가 멀쩡하고 정신이 또렷하고 맑은데도 단순히 먹을 것이 없어서 많은 사람이 굶어 죽었다. 그 배고픈 설움을 겪어보지 않은 사람은 공감하기 어려울 것이다.

어린 소년 김영귀 대표는 꿈을 품었다.

'왜 사람은 먹고 싶어도 먹을 것이 없어 먹지 못하는 배고

KYK김영귀수소환원수 개발 생산 제품들.

픈 설움을 겪어야 할까? 나는 장차 어른이 되면 이 배고픈 설움을 해결해주는 사람이 되자!'라는 꿈을 말이다.

'우리도 한 번 잘 살아보세!' 새마을운동을 하고 산업 사회가 되는 시기에 김 대표는 사회에 나오게 되었다. 그런데 이상하게도 배고픈 시대는 이미 지나갔지만 과거에 듣지도 보지도 못한 당뇨니 고혈압이니 무슨 암이니 하는 고질적인 성인병이 성행하고 있었다.

과거에는 먹지 못해서 영양실조로 병에 걸리거나 전염병이 돌았다. 병에 걸려도 돈이 없어서 병원에 가지 못해 사람들이 죽어갔다. 특히 어린아이들이 많이 희생당했다. 어린아이들이 죽으면 시체를 관에다 담아 땅에 묻는 것이 아니라 단지항아리에 넣은 다음 땅에 묻었다. 한곳에 묻다 보니 아장 단지아이 공동 묘지가 생겨날 정도였다.

한국이 산업 사회가 되고 나서 의료 보험 제도가 시행되었다. 이에 따라 어떤 사람이든 병원 치료를 받고 살 수 있게 되었다. 잘 먹고 잘 살며 편리한 생활까지 누리고 사는 데도 불구하고 당뇨, 고혈압, 암 등의 성인병을 고치지 못하고 환자가 계속 늘어만 가고 있는 현실을 보고 김영귀 대표 특유의 '왜?'라는 의문점이 생겼다.

'성인병은 왜 고치기 어려운가?' '성인병은 왜 생기는가?'

이 2가지 의문을 품은 것이 화두가 되었다.

김 대표는 '서양 의학이 한계를 드러내고 고치지 못하는 것은 필시 인간이 자연의 섭리를 어겼기 때문'이라고 판단했다. 김 대표는 자연의학을 공부하려고 노벨상을 2번씩이나 수상한 미국의 라이너스 폴링Linus Pauling 박사의 분자교정의학을 배우고 한의학의 근간이 되는 사상의학 등을 공부했다.

그 결과 자연의학을 통해서 물의 위대한 섭리와 이치를 깨달았다. "물은 생명 탄생의 원천이며, 생명을 유지하고 발전시키며, 각 생명의 종이 후대에 이어지게 하는 터전"이라고 말한다.

"세계적으로 유명한 장수촌 사람들의 공통 비밀은 좋은 물

KYK김영귀수소환원수 제품 제조 공장.

에 있다"면서 "인체의 70%를 차지하는 물을 방치한 상태에서 제아무리 좋은 약과 치료를 한들 근본적으로 건강을 만들 수 없다"며, "물은 능히 질병을 만들 수 있고, 물은 능히 건강을 만들 수 있다"는 평소의 지론을 말한다.

수소 활용을 통해서 미세 먼지 없는 세상을 만들 수 있다

예상치 못한 미세 먼지가 연일 전 국토를 뒤덮고 국민들은 외출도 자제하면서 숨 쉬기조차 힘들 정도로 고통 속에서 살고 있다. 미세 먼지는 세계보건기구WHO에서 1급 발암 물질로 규정했다. 우리나라의 미세 먼지로 인한 조기 사망자가 연간 1만 2,000명이라고 한다. 대통령까지 나서서 대책을 세우라고 지시하지만 별 뾰족한 대책이 없는 게 현실이다.

미세 먼지 저감 조치로 차량 운행 제한, 인공 강우, 마스크 착용 등을 내세워보지만 미봉책에 불과하다. 미세 먼지로 인한 조기 사망자뿐 아니라 우울증, 공황 장애, 두통, 호흡기 질환, 발암 등의 질환 발생과 불편 사항 등은 통계에 잡히지도 않는다. 경제적 손실은 말할 필요조차 없다.

과연 어떻게 하면 마음 편하게 숨이라도 제대로 쉬고 살 수 있을까? 금수강산이라는 말처럼 아름다운 이 강산에서 스위스 같은 맑고 쾌청한 파란 하늘을 보고 청정한 공기를 마음껏 마시면서 살 수 없을까?

이에 대해 김영귀 대표는 "수소를 활용하면 충분히 가능하다. 수소는 완전 무공해 청정에너지"라며 근본 대책을 제시한다. "수소 발전소를 세우면 석탄화력발전소와 원자력발전소 등의 문제를 한 방에 해결할 수 있고, 수소 자동차로 전환하면 자동차 배출 가스까지 완전히 해결할 수 있다"는 것이다.

그렇다면 그 많은 수소는 어디에서 얻는다는 말인가?

"지구상에 존재하는 70%의 물에서 수소를 뽑아내면 된다." 그러면 지구의 물이 점점 줄어 생명체가 살기 어려운 것 아닌가 하는 염려에 대해 "수소는 에너지로 사용되고 나서 공

소비자의 건강과 행복을 위해 보다 나은 연구 개발에 박차를 가하고 있는 KYK과학기술연구소 전경.

기 중의 산소와 만나 다시 물로 돌아간다. 그래서 수소 자동차에서는 물이 나오는 것"이라고 설명을 덧붙인다.

김 대표는 물에서 수소를 뽑아내는 기술을 가지고 있다.

현재 수소 에너지로 사용하는 수소는 LPG 가스에서 뽑아내기 때문에 수소 자동차를 반대하는 사람이 있으나 물에서 수소를 뽑아내면 상황은 달라진다. 수소를 뽑는 전기도 태양광을 이용하면 송전탑 문제와 비용을 모두 없앨 수 있다.

김영귀 대표는 뜻이 있는 사람들과 수소 발전소를 만드는 것이 앞으로의 계획이다. 그런데 김 대표는 물에서 수소를 뽑아내는 기술을 왜 개발하게 되었을까?

배고픔의 설움에서 출발해 성인병과 자연의학을 통해 물을 깨닫게 되었고 물 과학 연구와 제품 개발, 공급 과정에서 수소를 알게 된 것이다. 산업용 에너지의 수소가 아니라 건강 증진과 질병 예방 치유 의학으로서 말이다.

김영귀 대표의 회사는 영업 조직이나 채널이 없는데도 불구하고 매출이 꾸준한 이유는 순전히 제품을 사용해본 소비자 등의 입소문 덕분이다. 수출도 마찬가지로 현지 소비자들의 입소문 덕이다.

물은 전 세계 수백 종류가 있으나 크게 2가지로 분류된다. 물질을 산화시키는 산화력이 있는 물과 산화를 방지하는 항산화 작용이 있는 물이 있다. 전문 용어로 ORP(Oxidation-Reduction Potential)라고 한다.

김영귀 대표는 어떻게 물의 종류를 알게 되었을까?

"제가 세계적으로 유명한 노벨상을 2번씩이나 수상한 라이너스 폴링 박사의 분자교정의학 등을 배우고 직접 시도했으나 성인병이 근본적으로 고쳐지지 않는 한계에 봉착해 인체를 원점에서 바로 보게 되었는데, 그때 물이 보였습니다. 당시에는 깨끗한 물이 좋을 것이라 생각하고 지구상에서 가장 깨끗한 물을 찾아 나섰습니다."

그 물은 다름 아닌 공해가 전혀 없는 청정 지역의 풀잎에 맺히는 아침 이슬물이였다. 그러나 이슬물을 실생활에 활용할 수 없어 그와 똑같은 물을 만들기 시작했다.

미국항공우주국NASA에서 사람이 우주로 올라갔을 때 물이 없으니 인체에서 배출되는 모든 물을 재활용하기 위해 개발한 것이 바로 RO역삼투압멤브레인이다.

김영귀 대표는 지금의 웅진코웨이가 생기기 전에 이 RO멤브레인을 수입해 물을 통과시켜 증류수와 같은 물을 만든 다음 그 물을 다시 끓여서 증기를 용수철 같은 유리관을 통해 식혀 그야말로 청정 지역의 이슬물과 같은 물을 만들어냈다.

그 물을 가족이 마시고 동호회 회원들에게 공급했다. "재미나는 생각을 했습니다. 이렇게 깨끗하고 좋은 물로 콩나물을 기르면 얼마나 잘 자라고 맛이 좋을까?" 기대와 호기심을 가지고 직접 토종콩을 사다가 콩나물을 길렀다. 그런데 이상하게도 "콩나물이 올라오기는 했는데 콩나물이 명주실처럼 가늘어지더니만 죽어서 썩고 말았습니다." 예상치 못한 엉뚱한 결과가 나오게 되자 김영귀 대표는 이 이상한 현상을 연구하기 시작했다. 결과는 "이슬물에는 콩나물이 먹고 자랄 수 있

8개국 정상회담 경제사절단 5,000만 달러 MOU 체결.

는 영양분이 없었다."

설상가상으로 이물질이 없는 초순수 물속에서 쇠가 녹스는 현상을 발견했다. 이를 또 이상하게 여긴 김 대표는 또 연구에 들어갔다.

원인은 아무리 깨끗한 물일지라도 산화력에 의해 녹이 슨다는 사실을 터득하게 되었다. "이슬물(증류수)은 공업용이나 실험용으로 쓸 수 있지만 식물이나 사람에게 맞지 않는 이치를 깨닫게 되었다"고 한다.

그 후 김영귀 대표는《동의보감》속 33가지 물을 비롯해 전 세계의 물을 조사하고 연구하게 되었다. 이 과정을 통해 산화력과 환원력ORP이 있는 물을 알게 되고 환원력은 수소에서 나온다는 사실을 깨닫게 되었다. 환원력이 있는 물을 의미하는 환원수라는 말을 한국 최초로 사용하게 되었고, 김영귀 본인의 이름을 넣어서 '김영귀환원수'라는 브랜드를 정했다.

자신의 이름을 내건 이유에 대해 "내가 하는 일은 자신이 있다"는 의미이며, "내가 하는 일은 책임을 진다." "지금까지 내가 하는 일은 모든 책임을 져왔고, 앞으로도 계속 그렇게 할 것"이라고 말한다.

서울대병원 임상 85.7% 고효과 입증

대동강 물을 팔아먹은 봉이 김선달 이야기도 아니고 의약품도 아닌 사람이 마시는 물을 가지고 환자를 대상으로 임상을 한다는 것은 상상하기 힘든 일이다. 그것도 일반 의사나 병원이 아니라 한국 최고의 서울대분당병원에서 임상을 했다는 것은 역사적인 일이다.

거기에다 "임상 효과가 85.7%의 고효과를 입증했다. 그 분야의 의약품보다 몇 배가 더 높은 효과를 얻은 것이다." 이 발표가 나가자 화제를 불러일으키는 동시에 일본 유명 대학으로부터 공동 연구 제안을 받기도 했다.

김영귀 대표는 의문점이 있으면 원인이나 원리를 집요하게 파헤치는 연구 기질이 있다. 시조 김수로왕의 74대손으로 선비 학자 집안에 DNA를 물려받은 덕분이라고 스스로 말하기도 한다. 조상 대대로 물려받은 자갈논을 다 팔아서 기술 개발과 제품을 개발하는 데 쏟아부은 것만 봐도 그 열정을 충분히 짐작하고도 남는다.

"남들에 비해 최소한 100배 이상 노력했다"고 한다. 지금도 1주일에 평균 120시간 이상을 업무와 연구에 매진하고 있다. 그렇게 어렵고 많은 일을 하는 데도 대표자사업주에 대해서는 사회 보호 장치가 없는 것이 불공정하다고 말하기도 한다.

그러면서 직원들을 끔찍이 생각한다. 배고픔과 어려움을 겪은 김 대표는 집에서 밥을 굶어도 직원 봉급만큼은 단 한 번도 미룬 적이 없다. 처음부터 점심을 제공했고 누구에게나 먹을 것을 아끼지 않는다. 건강도 꼼꼼하게 챙겨준다. 그래서인지 장기 근속자가 이어지고 있다.

김영귀 대표는 초기의 신념과 철학을 완성하기 위해 물 과학 연구 40년을 이어오면서 안팎으로 많은 어려움과 고난이 있었다. 하지만 그의 일관된 집념과 의지를 꺾지는 못했다. 시

중국, 이탈리아 등 세계 각국에서 물에 대해 열정적으로 강연하고 있는 김영귀 박사.

행착오와 실패, 예상치 못한 일을 당할 때마다 배움의 기회로 삼았다. 마치 전기를 발명한 에디슨이 실패할 때마다 '이렇게 하니까 안 된다는 것을 배웠구나' 하는 것처럼 아무리 어려운 고난이 있어도 그때마다 배우고 또 배웠다.

김영귀 대표는 전 세계의 물을 조사하고 연구한 끝에 환원력 에너지가 있는 물을 찾아내기에 이르렀다. 가정생활에서 소비자가 그 물을 활용해 건강을 증진하고, 질병을 예방하고 치유하는 데 쓰기 위해 제품 개발에 박차를 가하기 시작했다.

시행착오를 겪은 다음 천신만고 끝에 제품을 개발하는 데 성공했다. 하지만 이 제품을 판매하는 과정에서 유사 업종에서 무조건 과대광고라고 고발을 해댔다. 고발자가 누구였는지 자연스럽게 알게 되었지만 따지거나 보복하지 않았다. 오히려 '문제 삼는다는 것을 가르쳐주는 스승'이라며 긍정적으로 생각하고 배움의 기회로 삼았다.

한편으로는 김영귀 대표가 개발한 제품에서 출수되는 물이 의학적 효능, 효과가 있다는 것을 증명받기 위해 노력했다. 의약품도 아닌 물을 한국식품의약품안전처당시 안전청로부터 질병을 개선하는 효과가 있는 물로 허가를 받기란 하늘의 별 따기만큼 어려운 일이었다. 하지만 김 대표는 식약처 관계자들과 다투기도 하고 논의하기도 하면서 포기하지 않고 끝까지 줄기차게 노력하고 또 노력했다.

2008년 초 드디어 안전성과 유효성을 검증받고 약으로도 고치기 어려운 4대 위장 증상 즉, 위장 내 이상 발효, 소화 불량, 만성 설사, 위산 과다를 개선하는 데 도움이 되는 물로 의학적 효능, 효과를 허가받기로 약조를 받았다.

산 넘어 산이라고 했던가. 이번에는 의약품 제조업계와 의료계에서 반발하고 나섰다. "한국 사람이 가장 많이 먹는 약이 위장 관련 약인데 물로 4대 위장 증상을 고친다면 누가 약품을 사먹겠느냐?"는 것이 주된 논리였다.

궁지에 몰린 것은 다름 아닌 식약처. 진퇴양난에 빠진 식약처는 묘수를 짜냈다. 허가하기로 한 약조를 어길 수도 없고 의약업계 반대를 막을 수도 없어서 허가받을 수 없는 조건 즉, pH3 단계 9.5± 편차 범위 0.1포인트 내의 통과 조건을 내세운 것이다. 하지만 김영귀 대표의 기술력은 거의 불가능한 관문을 통과하고 말았다.

그러니 식약처에서도 명분을 내세울 수 없어서 허가를 내주고 말았다. 이로써 공신력을 크게 얻었다. 홈쇼핑 방송에서 제품 판매를 할 때 고가라서 렌탈로 판매했으나 예상보다 많이 팔리는 바람에 자본의 한계에 부딪혀서 중단해야 했다. "그때 자본만 받쳐주었더라면 중견기업 이상의 대기업이 됐을 것"이라고 김 대표는 회고한다.

물 과학 기술의 진화는 계속되고 있다

김영귀 대표의 물 과학 기술은 대중적인 트렌드에 비해 앞서 가고 있다. 하지만 "소비자의 건강과 행복을 위해서는 보다 나은 연구 개발을 계속 할 수밖에 없다"고 한다. 그렇다면 무엇이 그렇게 앞서 있는 물 과학 기술일까?

알칼리 이온수기 제품의 안전성과 유효성을 검증받아 4대 위장 증상 개선의 의료용 물질 생성기로 허가를 받은 데 이어 순간 냉온 알칼리 이온수기 제품을 개발하고 출시했다. 소비자들이 "알칼리 이온수가 좋기는 한데 냉온수가 안 되어서 불편하다"는 니즈를 파악하고 연구 개발에 착수한 것이다

김영귀 대표는 당시 "돈을 벌기 위한 목적으로 기존 냉온 정수기의 비위생적이고 고질적인 문제를 그대로 안고 냉온이 되는 제품을 출시하는 것은 양심상 도저히 용납할 수 없었다"고 한다. 냉수 저장고에 세균이 증식하고 바퀴벌레가 침입해

알을 까는 등의 비위생적인 문제와 온수를 저장해 24시간 가열하다 보니 물성 변화를 일으키는 문제, 출수구 외부 노출에 의한 미세 먼지 침입과 세균 증식 등의 문제를 잘 알면서 소비자에게 공급할 수 없었다.

김 대표는 이 문제를 해결하기 위해 물 저장고 없이 필요할 때마다 냉온수가 만들어지는 제품을 만들려고 고민에 고민을 계속하던 어느 추운 겨울, 샤워를 하다가 영감을 얻고 제품 개발 6년 만에 드디어 완성해 출시했다. 이 제품도 역시 의료용 물질 생성기로 허가를 받았다. 단, 여러 가지로 좋으나 가격이 좀 비싸다는 게 흠이다.

김영귀 대표는 알칼리 이온수에 이어서 보다 더 효과가 좋은 수소 활용을 위해 수소수기 제품을 개발 출시했다. 노벨상 수상자를 39명 배출한 미국 존스홉킨스 의과대학에서는 인간의 질병 3만 6,000가지 중 90%가 '유해 활성 산소'에 의해 발생한다는 사실을 밝힌 바 있다.

세계적 권위의 의학 학술지 〈네이처 메디신Nature Medicine〉(2007년 7월)에 "수소는 적은 양으로도 유해 활성 산소를 효과적으로 제거한다"는 일본의과대학 오타 시게오 교수 논문을 검증을 거쳐 게재했다. 2019년 현재 관련 국제 논문

프랑스경제사절단, 한중정상회담 경제사절단과 MOU를 체결하고 있다.

1,000편이 발표되어 있다. 수소의 효과는 충분히 검증되어 있다는 얘기다.

문제는 수소가 얼마나 많이 발생하느냐는 기술에 달려 있다. 아직 국민 가운데 99%가 수소에 대해 잘 모르고 있다. 그러니 시중에 수소 함량과 관계없이 수소수라는 이름을 붙여 판매하는 약삭빠른 장사꾼들이 출몰하게 되었다. 그 결과 소비자가 피해를 보는 사례가 많다고 한다.

"수소 효과가 있으려면 최소한 1,000ppb 이상은 발생되어야 하는데 반도 안 되는 제품이 대다수"라면서 "주위를 기울여야 한다"고 지적한다. 김영귀수소환원수 제품은 최대 1,575ppb까지 발생되는 독보적인 기술을 보유하고 있어 소비자들로부터 인기가 높다고 한다. 미국 FDA 등록과 우수 의약품 제조·관리 기준(GMP) 인증 품질 관리 시스템에 의한 철저한 품질 관리로 생산되는 제품들이다.

수소는 에너지로도 훌륭하지만 건강용으로 만족도가 매우 높다. 수소는 3가지 방법으로 건강에 활용할 수 있다. 수소수로 마시는 방법이 있고, 수소 공기 자체를 직접 코로 흡입할 수도 있다. 물론 수소 공기와 수소수를 혼합해 피부에 직접 테라피 하는 방법도 있다. 김영귀수소환원수는 세계 최초로 수소공기가스발생기와 수소토닝보톡스기와 결합된 수소복합기를 개발했다. 가정이나 헬스장, SPA, 사무동 등의 업소에서 간편하고 부작용 없이 효과적으로 사용할 수 있는 게 특장점이다.

인간이 만든 환경 악화가 인간을 역습해 인간의 질병을 유발하며 수명을 단축시킨다. 건강 행복 100세를 실현하기 위해서는 첫째 환경부터 획기적으로 개선해야 한다. 미세 먼지와 CO_2와 같은 공해 물질을 배출시키지 않음으로써 환경 공해와 기후 변화 같은 이변을 막을 수 있다.

무공해 수소 에너지를 생산하기 위해서 태양광을 이용한 물 수소 생산 기지를 만들어서 우리나라는 물론 전 세계에 사용할 수 있도록 공급한다면 새로운 인류 발전에 획기적으로 기여할 수 있다.

수소를 통해 건강 행복 100세 실현과 청정하고 건강한 환경을 만들어서 자자손손 건강과 행복을 누릴 수 있는 큰 가치를 만드는 위대한 사업에 관심과 참여를 당부하고 있다.

대표이사
박승국

한올바이오파마

학력

1985	서울대학교 농화학과 졸업
	KAIST 생물공학과 이학석사
1991	KAIST 생물공학과 이학박사
2009	KAIST 경영대학 경영학석사(MBA)

경력

1991~1992	생명공학연구원(KRIBB) Post-Doc
1992~2007	대웅제약 생명공학연구소 팀장/센터장/본부장
2000~2001	한국생물공학회 산학협동이사
2000~2006	㈜펩트론 사외이사
2004~2009	지식경제부 성장동력기술개발사업 운영위원
2007~2008	지식경제부 바이오전략기술개발사업 기획위원
2007~2013	한올바이오파마 바이오연구소장
2009~2011	KOREA 바이오경제포럼 의약바이오분과 위원
2009~2015	한국제약협회 바이오의약품위원회 위원
2013~2015	미래창조과학부 생명공학종합정책심의회 민간위원
2013~현재	한올바이오파마 대표이사
2014~2015	한국생물공학회 국제협력위원회 공동위원장
2019~현재	한국바이오협회 부회장

상훈

1996	특허기술 총무공상
2001	2001 Bio Industry Award 대상
2003	대한민국 신약개발상 우수상
2010	2010 대한민국 기술대상 우수상
	2010 보건산업기술유공자 보건복지부 장관 표창
2014	2014 제약산업유공자 보건복지부 장관 표창
2017	제14회 대한민국 신성장경영대상 국무총리상
2018	제19회 대한민국 신약개발상 기술수출상
	제51회 과학의 날 유공자 대통령 표창

HANALL
BIOPHARMA

세계인의 건강을 꿈꾸는 글로벌 제약 기업 한올바이오파마

1973년 인류 건강 증진이라는 원대한 꿈을 갖고 창립된 한올바이오파마는 내분비계, 순환기계, 비뇨기계 등 다양한 제품 포트폴리오를 갖추고 160여 개 품목의 전문·일반 의약품을 생산, 판매하는 제약 기업이다.

2004년부터 글로벌 신약 R&D를 통한 기업 혁신을 추구했으며 핵심 연구 인력 확보와 연구 시설 확충 등 R&D 인프라를 꾸준히 구축하고 있다. '혁신 신약을 연구·개발하는 세계 최고의 바이오 기업', '전 세계 환자의 건강에 기여하는 존경받는 제약 회사'를 비전으로 오늘도 끊임없이 혁신하고 있다. 2015년 대웅제약이 지분 투자를 통해 공동 경영에 참여하면서 한올바이오파마는 더욱 안정된 환경에서 글로벌 신약 연구·개발에 전념할 수 있게 되었다.

한올바이오파마는 아직까지 적절한 치료제가 없어 고통 받고 있는 희귀 난치성 질환 환자에게 희망이 될 수 있는 퍼스트 인 클래스, 베스트 인 클래스First-in-Class, Best-in-Class 바이오 신약 연구에 매진하고 있다. 자가 항체에 의해 발병하는 다양한 희귀 자가 면역 질환을 치료할 수 있는 새로운 작용 기전

대한민국 생명공학 신약 1호인 이지에프외용액의 개발을 주도했던 박승국 대표.

의 항체 신약, 안구 건조증이나 포도막염, 황반변성 등과 같은 염증성 안구 질환에 세계 최초로 개발되는 항종양괴사인자Anti-TNF 바이오 신약, 그리고 인체의 항암 면역 작용을 강화해 암을 치료하는 신규 작용 타깃의 항암 면역 항체 신약 등이 주요 연구 대상이다.

세계가 인정한 한올바이오파마의 제품

한올바이오파마가 개발한 제품들은 이미 세계 시장에서 그 우수성을 인정받고 있다. 글루코다운 OR은 한올의 독자적인 특허 기술로 만든 최소형 크기의 메트포르민 서방형 제제로 환자의 복약 순응도를 크게 향상시킨 혁신 제품이다. 글루코다운 OR 시리즈는 기존 1일 3회 복용하는 약물에 약물 전달 기술DDS, Drug Delivery System을 적용해 1일 1회만 복용하면 되도록 개량했다.

글루코다운 OR은 2006년 한국약제학회가 수여하는 제제기술상을 수상하며 그 우수성을 인정받았다. 국내 독자 기술로 만든 최초의 메트포르민 서방정이라는 점에서 큰 의의가 있다.

글루코다운 OR의 주성분인 메트포르민은 AMPKAMP-activated protein kinase 활성화 약물로 인슐린 저항성을 개선하며, 당과 지질 대사를 개선하는 작용을 한다. 또한 인슐린 분비 촉진 기전의 약물이 아니기 때문에 저혈당이 발생하지 않으며, 췌장 기능을 보전하는 장점도 있어 안정성과 부작용 감소 측면에서 우수한 약물이다. 이러한 장점으로 인해 미국과 유럽에서는 당뇨병 치료 1차 처방약으로 널리 쓰이고 있다.

노르믹스는 리팍시민 성분의 소화기계 항생제 신약으로 여행자 설사와 급성 장염, 과민성 대장 증후군, 염증성 장 질환, 게실염 등에 효과가 뛰어난 제품이다. 특히 위장관 내의 병원성 세균에 대해 강력하고 광범위한 항균력을 발휘하며, 흡수되지 않고 위장관에서만 선택적으로 작용하므로 내성이 나타나지 않으며, 전신성 부작용도 발생하지 않는다. 소화기 전문의가 가장 흔하게 접하는 질환이지만 원인이 다양해 치료가 어려운 과민성 대장 증후군 치료에 탁월한 효과가 있어 매출 효자로 등극했다. 2018년 단일 품목 매출 100억 원을 넘어섰다.

엘리가드는 류프로렐린 아세트산염 성분의 전립선암 치료제다. 2002년에 미국 FDA에서 허가를 받았고 미국, 캐나다, 유럽, 오스트레일리아 등에서 널리 판매되고 있는 제품이다. 엘리가드는 호르몬의 양을 조절해 전립선암을 치료하며 '아트리겔'이라는 약물 전달 기술DDS을 이용해 1회 주사 시 특정 기간 동안 약효가 지속된다.

아트리겔 기술은 피부에 약물 주사 시 몸속에서 약물이 고체화된 후 지속적으로 생체 분해되면서 약물을 방출해 장기간 효과적으로 약효를 지속시키는 기술이다. 1회 주사 시 3개월간 약효가 지속된다.

R&D 중심 제약사로 변모

창립 초기 항생제, 수액제 전문 제약 기업이던 한올바이오파

한올바이오파마는 혁신 신약을 연구·개발하는 세계 최고의 바이오 기업을 비전 삼아 2007년 바이오연구소를 개소했다.

마는 2004년부터 신약 연구 개발 기업으로 변신하기 위해 매년 매출액의 10% 이상을 R&D에 투자하고 다수의 신약 후보물질 발굴과 임상 개발을 해오고 있으며 전 세계 136건(국내 30건, 해외 106건)의 특허를 보유하고 있다.

2000년대 들어 세계 제약 시장은 바이오 기술을 환자 치료를 위한 신약 개발에 적용하기 시작했고 한올바이오파마는 이러한 변화에 발맞춰 '혁신 신약을 연구·개발하는 세계 최고의 바이오 기업'을 비전 삼아 2007년 바이오연구소를 개소했다. 대한민국 생명공학 신약 1호인 이지에프외용액의 개발을 주도했던 박승국 대표이사를 포함해 우수한 연구진을 영입해 바이오 의약품 연구·개발을 시작했다.

한올바이오파마는 2009년 프랑스의 노틸러스 바이오텍Nautilus Biotech의 특허권을 인수하는 계약을 통해 치료용 단백질과 항체 치료제의 원천 기술을 보유한 명실상부 바이오 기업이 되었다.

한올바이오파마의 원천 기술인 아미노산 치환 기술은 단백질 내 아미노산의 자체적인 구조 변경을 통해 생물학적 활성을 개선하고, 단백질 분해 효소에 대한 안정성을 개선하는 혁신적인 기술이다. 한올바이오파마는 아미노산 치환 기술을 활용해 안구 건조증 치료 바이오 신약 HL036과 안구 후면부 염증 질환 바이오신약 HL189, HL190 등을 개발했다.

HL036은 안구 건조증을 유발할 수 있는 TNF를 억제해 질환을 개선시키는 작용 기전을 가지고 있다. 2018년 미국 임상 2상을 마쳤다. 임상 2상에서 총 150명의 안구 건조증 환자 대상으로 시험한 결과, 병의 징후Sign와 증상Symptom 모두 효과적으로 개선됐고 안전성Safety도 뛰어나 기존 판매되고 있는 제품들에 비해 높은 경쟁력을 인정받고 있다. 2019년 3월부터 미국 전역 13개 임상 병원에서 임상 3상 시험을 시작했다.

HL161은 자가 면역 질환을 유발하는 병원성 자가항체Pathogenic autoantibody를 능동적으로 제거하는 완전히 새로운 작용 기전의 항체 신약으로 캐나다와 오스트레일리아에서 임상 1상 시험을 성공적으로 마무리했다. 중증 근무력증Myasthenia gravis과 시신경 척수염Neuromyelitis optica 등 뚜렷한 치료제가 없는 항체 매개성 자가 면역 질환에 효과적인 치료제가 될 것으로 기대되는 제품으로 2019년 4월에 2건의 임상 2상 시험을 미국과 캐나다에서 시작했으며, 추가로 2019년 내에 3건의 임상 2상 시험을 미국과 중국에서 시작할 계획이다.

HL189/190은 HL036과 같이 TNF를 억제해 안구 후면부 염증 질환인 당뇨병성 망막증, 황반변성, 포도막염 등을 치료하는 약품이다. 현재 개발 중이며 동물 임상을 통해 효능과 안전성을 테스트하고 있다.

IM156은 기존 항암제와 달리 암세포의 대사를 교란해 제거하는 기전을 이용한 항암제다. 임상 1상 시험이 진행되고 있다.

HL186/187은 인체의 면역 작용을 강화해 암을 치료하는 신규 타깃Novel target의 항암 면역 항체 신약 프로젝트다. 2019년 4월 현재 2가지 신규 타깃에 대해 각각 수십 종의 리드lead 항체를 도출했으며, 2019년 내 동물 약효 시험을 통해 개발후보물질candidate을 확정할 계획이다. 화학 합성을 통해 만들어지는 합성 의약품과 달리 사람 혹은 다른 생물체에서 유래된 단백질과 호르몬을 이용해 만든 의약품으로 고유의 독성이 매우 낮기에 합성 의약품과 비교할 때 안전성이 높고 난치성·만성 질환을 치료하는 데 탁월한 효과를 보인다.

기술 수출 가시화

한올바이오파마는 2017년 12월 미국의 로이반트 사이언스Roivant Sciences와 라이선스 아웃 계약을 통해 HL161의 임상 개발, 생산, 마케팅, 판매에 대한 파트너십을 맺었다.

이 계약을 통해 로이반트로부터 총 5억 250만 달러에 달하는 계약금, 연구비, 마일스톤을 수령하게 되었으며 상업화 후 판매에 따른 로열티도 추가로 받게 된다. 이번 계약은 국내에서 개발된 신규 타깃 '퍼스트 인 클래스' 항체 신약으로는 첫 번째 대규모 기술 수출 사례다.

HL161은 뚜렷한 치료제가 없는 근무력증이나 천포창, 만성 혈소판 감소증, 시신경 척수염, 다발 신경병증, 루프스신염 같은 중증 자가 면역 질환 치료제로 주목 받고 있는 항체 신약이다. 정상적인 상태에서 항체는 병원균이나 바이러스 같은 외부 침입자를 무력화하고 제거하는 작용을 하는데, 자가 면역 질환 환자에게서는 체내 항체의 일부가 외부 물질로부터의 방어가 아니라 자기 자신을 공격하는 경우가 있다. 이렇게 자기 자신을 공격하는 항체를 병원성 자가 항체pathogenic autoantibody라 부른다. 병원성 자가 항체 농도와 질환의 증세는 서로 밀접하게 연관되어 있기 때문에 자가 항체를 낮춰주기만 해도 증세가 완화된다.

한올바이오파마는 2017년 9월 중국 바이오 기업인 하버바이오메드Harbour BioMed와도 8,100만 달러 규모의 기술 수출 계약을 체결했다. HL161과 HL036에 대한 동시 계약으로, 두 치료제의 중국 내 사업권을 넘기는 조건이다. 하버바이오메드는 성장 잠재력이 큰 중국 시장에 안구 건조증과 자가 면역 질환 치료제를 선보일 기회를 얻었고 한올바이오파마는 8,100만 달러의 계약금 및 마일스톤과 로열티 수입을 얻게 된다.

환자가 원하는 혁신 신약 만들 것

한올바이오파마는 '혁신 신약을 연구 개발하는 세계 최고의

한올바이오파마의 연구 목표는 환자의 요구를 충족하는 최고의 혁신 신약을 개발해 질병을 치료하는 데 기여하는 것이다.

바이오 기업, 전 세계 환자의 건강에 기여하는 존경 받는 제약 회사'를 비전으로 발전하고 있는 혁신 제약 기업이다. 연구 목표는 환자의 요구를 충족하는 최고의 혁신 신약을 개발해 질병을 치료하는 데 기여하는 것이다. 이러한 목표를 달성하기 위해 한올은 2가지 R&D 전략을 갖고 있다.

첫 번째는 지식 기반 연구를 통한 차별화 R&D 전략이다. 한올은 임상학적 지식과 기초학적 지식, 생활 패턴 지식을 동원해 약물에 의한 부작용은 최소화하고 복용 편의성은 높이며, 약효도 극대화하는 연구를 하고 있다.

두 번째는 개방형 협업Open collaboration R&D 전략이다. 한올은 신약 연구·개발에 있어 각 분야 최고 전문가와 협업을 통해 최선의 결과를 만들어내려고 한다. 한올바이오파마 R&D의 모토는 '한계 없이 생각하고, 경계 없이 행동하자'다. 희귀 난치성 질환 환자에게 희망을 주기 위한 혁신 신약 아이디어에는 한계가 있을 수 없으며, 그러한 아이디어를 실현해가는 과정에서 최선의 솔루션을 찾는 것이 한올의 목표다.

대표이사
송호섭

㈜스타벅스 코리아

㈜스타벅스커피코리아

경력

1999 나이키 아시아태평양 마케팅 이사(홍콩/미국)
2001 나이키코리아 마케팅 이사
2004 로레알코리아 랑콤 브랜드매니저
2006 한국존슨 영업이사
2010 더블에이코리아 대표
2014 스페셜라이즈드코리아 대표
2016 언더아머코리아 대표
2018 ㈜스타벅스커피코리아 전략운영담당 상무
2019 ㈜스타벅스커피코리아 대표이사

(주) 스타벅스커피 코리아

“인간의 정신에 영감을 불어넣고 더욱 풍요롭게 한다.”
이를 위해 한 분의 고객, 한 잔의 음료, 우리의 이웃에 정성을 다한다.

세계 최고 커피에 한국 감성을 입히다

1971년부터 스타벅스는 세계 최고 품질의 아라비카 커피 원두를 윤리적으로 구매, 배전해왔다. 오늘날 스타벅스는 세계 각국에 매장을 운영하며 프리미엄 원두커피를 배전, 유통하는 글로벌 기업이다. 철저한 품질 제일주의와 기업 윤리 원칙에 입각해, 특별한 스타벅스만의 경험을 고객 한 사람 한 사람에게 한 잔의 음료를 통해 전달하고 있다.

스타벅스커피코리아는 1999년 7월 이대점 1호점을 시작으로 성장을 거듭해 모든 매장을 직영하면서 매일 50만 명 이상의 고객들에게 특별한 '스타벅스 경험'을 제공하고 있다. 지난 20년간 지역 사회와 고객들의 요구에 귀를 기울이면서 한국 전통적인 다방 문화에 스타벅스 특유의 '제3의 공간'이라는 콘셉트를 더해 새로운 커피 문화를 이끌어왔다.

스타벅스는 단순히 커피를 판매하는 곳이 아니라 인간적인 관계와 감성이 소통하는 경험을 함께 제공하고자 노력하고 있다. 전 세계 스타벅스 최초로 혁신적인 스마트 주문 시스템인 '사이렌 오더' 서비스를 선보이는 등 혁신적인 디지털 서비스를 제공하는 것을 비롯해, 다양한 현지화 전략으로 업계를

더 푸른 스타벅스를 가꿔가겠다는 의미로 제품, 사람, 매장의 3가지 분야에서 친환경 경영을 더욱 강화해나갈 예정이다.

선도하고 있다.

40년 이상의 전문적인 로스팅 기술과 철저한 품질 관리, 모두 정규직으로 근무하고 있는 1만 5,000여 명의 숙련된 바리스타들은 스타벅스의 핵심 역량으로 지역 사회 속에서 고객의 일상을 풍요롭게 하는 특별한 경험을 전달한다. 커피를 윤리적으로 구매하는 단계부터 한 잔의 음료로 나가기까지 사회적 책임과 성장을 동시에 추구하는 기업 철학으로 국내에서 140여 연계 NGO와 지역별로 다양한 사회 공헌 활동을 전개하고 있다.

친환경 위해 종이 빨대와 공기청정 시스템 도입

스타벅스는 2018년 7월 일회용품 줄이기 대책을 포함한 전사적인 친환경 캠페인 실행 계획안 '그리너Greener 스타벅스코리아'를 발표했다. 이를 통해 더 푸른Greener 스타벅스를 가꿔가겠다는 의미로 제품Greener Product, 사람Greener People, 매장Greener Place의 3가지 분야에서 친환경 경영을 더욱 강화해나갈 예정이다.

2018년 9월부터 종이 빨대를 도입해 시범 운영을 거친 뒤 전국 매장으로 확대하고, 아이스 음료의 경우 빨대 없이 마실 수 있는 리드컵 뚜껑도 함께 제공하고 있다. 2018년 11월 빨대 없는 리드뚜껑를 전국 매장에 도입한 이후 월 평균 빨대 사용량이 도입 이전 대비 50%가량 감소하는 성과로 이어졌다. 2018년 현재 98% 수준인 커피 찌꺼기 재활용률(5,500톤)도 2020년까지 100%로 끌어 올릴 계획이다.

2017년 7월 2곳의 공기청정 시스템 설치 시범 매장을 시작으로 2018년 4월부터는 신규 매장을 중심으로 공기청정 시스템을 확대 설치해서 실내 공기 질 관리를 체계적으로 진행하고 있으며 2019년 연말까지 전국 매장으로 확대 도입을 완료

스타벅스는 공기청정 시스템을 2019년 연말까지 100% 설치할 예정이다.

할 계획이다.

우천 시 제공하던 우산 비닐을 대신할 제수기물기 제거기를 새롭게 도입해 시범 운영을 진행하고 있고 여기에 LED 조명과 친환경 목재 사용 등 친환경 마감재를 확대 도입하고 에너지 효율화를 이룰 수 있는 매장 환경 구현도 지속 추진할 예정이다.

2018년 4월부터는 매월 10일을 '일회용 컵 없는 날'로 지정하고 머그와 다회용 컵 사용을 권장하면서 다양한 고객 참여

캠페인도 지속적으로 전개하며, 길거리 1회용 컵 수거함 시범 사업 전개 등을 통해 지역 사회와 환경에 긍정적인 변화를 이끌 수 있도록 노력하고 있다.

사회 공헌과 전통문화 보전에 앞장

스타벅스는 창사 이후 전 세계에서 사회적 책임과 성장을 동시에 추구해왔다. 국내에서는 업계 동반 성장, 고용 창출, 환경 보호, 재능 기부 등 다양한 활동을 통해 지역 사회의 신뢰 속에서 성장하기 위해 노력하고 있다. 전국에서 140여 연계 NGO와 지역별로 다양한 활동을 전개하고 있으며 지역 사회를 위해 장애인과 노인 시설을 방문해 바리스타 교육과 매장 운영 지원 등 활발한 재능 기부 활동을 전개하며 이들의 고용 확산을 돕고 있다.

2012년부터 2019년 현재까지 장애인, 소외 계층 청소년, 다문화 가족 등이 운영하는 지역 사회 낡은 카페를 재단장해 취약 계층의 자립을 돕고 바리스타 재능 기부로 운영을 지원하는 재능 기부 카페를 서울, 부산, 대전, 광주, 울산 등 총 9곳에서 선보였다.

스타벅스코리아는 50여 개 특성화고등학교를 대상으로 잡 페어를 개최하기도 했다.

서울 대학로 커뮤니티 스토어에서는 모든 판매 품목당 300원을 적립해 대학생들에게 4년간 장학금을 지원하고 종합적인 리더십 함량 활동을 위한 청년 인재 양성 프로그램을 운영하고 있다. 교육 기부 국제 NGO인 JA Junior Achievement와 함께 청소년 진로 교육 프로그램을 전개하며 지금까지 1만 5,000여 명이 넘는 청소년을 대상으로 바리스타 진로 체험의 기회를 제공하고 고등학교 졸업 후 사회 진출을 돕기 위한 진로 설계 안내를 돕고 있다.

보건복지부와 어르신 일자리 창출 지원을 위한 업무협약을 체결해 한국시니어클럽협회에 어르신 일자리 창출 지원 기금을 후원하고, 스타벅스 드라이브 스루 매장에 안전 보행과 교통정리를 위한 어르신 보행자 통행 안전 관리원이 배치될 수 있도록 활동 거점을 제공하고 있다.

이처럼 스타벅스코리아는 커피 회사의 문화적 특성을 잘 살리면서 임직원들의 자발적인 참여를 이끌어낼 수 있는 다양한 사회 공헌 및 봉사 활동 프로그램을 운영해오고 있으며, 재능 기부를 통해 지역 사회의 자립 지원을 돕고 더 많은 일자리 창출을 위해 노력한 활동은 전 세계 스타벅스 중에서도 최초 사례로 협력사가 함께 참여한 것도 이례적인 일로 평가받고 있다.

국내 협력사와 함께 다양한 제품 현지화 노력을 지속적으로 전개해 음료와 원부재료의 자체 개발을 확대하고 있으며 친환경 경기미와 국내 특산물을 활용한 다양한 지역 상생 제품을 소개하고 있다.

이천 햅쌀 라떼, 문경 오미자 피지오, 제주 꿀 땅콩 라떼 등 로컬 식자재와 특성을 빅데이터로 분석해 시장 트렌드에 맞춘 제품 개발로 연결해서 농가에 안정된 판로와 수익을 제공하고 국산 농산물의 상품 가치를 높여 농가 소득 증대로 이어지는 성과로 상생 활동의 대표 사례로 평가를 받고 있다.

스타벅스코리아는 이천 햅쌀 라떼, 문경 오미자 피지오, 제주 꿀 땅콩 라떼 등 우리 농산물을 활용한 제품을 개발하고 있다.

동시에 스타벅스는 국산 우유 소비 촉진 캠페인과 커피 찌꺼기 재활용 자원 선순환 활동을 통해 환경 보호와 함께 지역 사회 소득이 증대하는 데 기여하고 있다. 2018년 98% 수준인 커피 찌꺼기 재활용률(5,500톤)도 2020년까지 100%까지 끌어 올릴 계획으로 커피 찌꺼기로 만든 친환경 퇴비를 기증해 수확하는 농산물을 활용해서 다양한 음료와 푸드 상품을 지속적으로 소개할 예정이다.

스타벅스는 2009년 문화재청과 문화재지킴이 협약을 맺고 우리 문화재를 보호하고 알리기 위한 다양한 활동을 전개해오고 있다. 2009년부터 2019년 현재까지 문화재청의 덕수궁 정관헌 명사 초청 행사를 후원하고 있다. 이 행사는 59명의 강연자와 2만 명 이상의 시민이 참여하며 대표적인 궁궐 문화 행사로 자리매김했다.

스타벅스코리아가 커피 찌꺼기로 만든 친환경 퇴비를 배포하는 봉사 활동을 하고 있다.

2015년과 2016년에는 김구 선생의 '존심양성'과 '광복조국' 친필 휘호 유물을 구매해 문화유산국민신탁에 기부했으며, 2018년에는 경주 지역 고도 지구 육성 발전을 위한 캠페인을 전개하는 등 활발한 전통 문화 보존과 보호 활동을 진행하고 있다.

2015년부터는 광복절에 맞춰 광복회가 추천하는 독립 유공자 자손 대학생에게 장학금을 전달하고 있다. 3년간 총 83명에게 약 1억 7,000만 원을 전달했다. 2017년에는 고종 황제의 대한제국 선포 120주년을 기념해 문화재청, 국외소재문화재재단과 함께 주미대한제국공사관의 복원과 보존을 위한 후원 약정식을 열고 총 3억 원의 기금을 주미대한제국공사관

복원 및 보존 사업을 위해 기부하는 등 대한제국공사관의 한국 전통 정원 조성과 공사관 보존 활동을 후원하며 민관 협력 우수 사례를 만들어가고 있다.

정부가 인정한 일자리 창출 우수 기업

스타벅스는 연령, 성별, 학력, 장애 여부와 관계없는 채용을 통해 열린 직장을 추구하며 자체 양성한 숙련된 바리스타들이 모두 정규직으로 근무하고 있다. 1999년 7월 1호 이대점 오픈 당시 40명의 직원을 시작으로 2019년 현재 전국 1,260여 매장에서 일하는 직원 수는 1만 5,000여 명으로 375배 이상 증가했으며 신규 매장 오픈 시 평균 10명의 고용 창출로 연결되고 있다.

개인 역량 강화에 맞는 다양한 교육 프로그램을 제공해 커피 전문가 양성 및 차별화된 커피 문화를 선도하고 지속 성장을 위한 경쟁력을 강화하고 있다. 신입 바리스타는 입사 후 체계적인 교육과 내부 선발 과정을 거치며 부점장, 점장으로 승격하고 나중에는 매장을 총괄 관리하는 리더로 성장하게 된다.

아울러 커피 전문가 양성을 위한 커피 마스터 프로그램을 비롯해 커피 기기, 서비스 등 분야별 전문성 함양을 위한 다양한 교육 과정을 온라인과 오프라인으로 제공하고 있어 원하는 직원은 참여할 수 있다. 매년 선발되는 우수 인원에게는 인센티브를 제공하고 글로벌 커피 전문가로 성장할 수 있도록 커피 농가 및 본사 방문 등 다양한 국가의 스타벅스 파트너들과 교류할 수 있도록 지원하고 있다.

스타벅스코리아는 전 세계 스타벅스 최초로 임직원의 전문지식 함양과 공유가 가능한 쌍방향 온라인 교육 시스템 '스타벅스아카데미'를 오픈하고, 언제 어디서나 편리하게 학습 가능하도록 모바일 애플리케이션으로도 개발했다.

2016년부터 등록금 전액을 지원하는 파트너 학사 학위 취득 프로그램을 운영해 경제적 부담 없이 학위를 취득할 수 있도록 돕고 있다. 입학 첫 학기는 학자금 전액을 지원하며 평균 B학점 이상을 취득하는 모든 파트너에게는 다음 학기 등록금을 전액 지원한다. 2016년 2학기부터 2018년 1학기까지 383명이 입학해 학업을 이어가고 있다.

스타벅스는 파트너의 다양성을 존중하는 근무 환경을 조성하는 데도 앞장서고 있다. 전 세계 스타벅스 최초로 2014년

잡 페어에 참여해 시간 선택제 일자리를 안내하고 있는 스타벅스 리턴맘 바리스타들.

스타벅스는 여성가족부와 함께 청소년 자립 지원 일자리 창출을 위한 재능 기부 카페 8호점을 오픈했다.

여성가족부와 협약을 맺고 경력이 단절되었던 전직 스타벅스 여성 관리자들이 정규직 시간 선택제 부점장으로 돌아오는 리턴맘 제도를 시작해 2019년 현재까지 113명에 달하는 리턴맘 바리스타가 재입사했다.

리턴맘 바리스타는 주 5일, 하루 4시간씩 정규직 부점장으로 근무하면서 상여금, 성과금, 학자금 지원 등 다양한 복리후생 혜택과 인사 제도를 적용받는다. 추후 본인이 원할 경우 하루 8시간씩 전일제 근무로의 전환 기회도 제공된다. 육아휴직 기간을 최대 2년까지 확대하는 등 일과 가정 양립을 위한 다양한 제도적 지원을 통해 여성가족부의 가족 친화 인증기업으로서 노력을 지속하고 있다.

스타벅스는 장애인이 서비스직에 부적합하다는 사회적 편견을 깨고 2007년부터 장애인 채용을 시작해 2012년에는 업계 최초로 한국장애인고용공단과 고용 증진 협약을 체결하고 매년 분기별로 장애인 파트너를 신규 채용하고 체계적인 장애인 바리스타 양성을 위한 직업 훈련에 앞장서고 있다. 장애인 파트너 고용률은 2019년 1월 기준 4.1%로 총 327명 중 48명의 장애인 파트너가 중간 관리직 이상에서 근무하는 등 차별 없는 동등한 승진 기회를 부여하고 있다.

장애인을 채용한 이후에도 평생직장으로서 직무 적응과 고용 안전을 위해 장애 유형별 맞춤 교육 프로그램을 개발해 중증 장애인의 일자리 영역을 확대하고, 직장 내 장애 인식 개선 교육 등 다양한 지원 활동을 진행하고 있다.

IT 기술 접목해 한국 감성을 입히다

혁신적인 디지털 마케팅과 모바일 기기들을 통해 고객과 소통하는 것 또한 스타벅스에서만 경험할 수 있다. 스타벅스코리아는 이름을 호명하는 감성적인 소통을 만들어가기 위해 2014년 '콜 마이 네임' 서비스를 개발해 전 세계 60여 개국 중 최초로 디지털 시스템을 통해 고객 이름을 호명하는 서비스를 선보였다. 이는 감성적인 소통 문화를 디지털에 입혀 인간적이고 감성적인 소통의 경험을 원하는 고객들에게 큰 호응을 얻었다.

IT 서비스 노하우와 기술을 집약해 2014년 전 세계 스타벅스 최초로 사이렌 오더를 자체 개발했다. 매장 반경 2㎞ 내에서 방문 전에 주문과 결제를 할 수 있어 혼잡한 시간대에 대기 시간을 줄일 수 있고, 주문 메뉴가 준비되는 진행 과정을 실시간으로 확인할 수 있으며 음료가 완료되면 콜 마이 네임과 연동해 등록한 이름을 바리스타가 호명해주는 진동 벨 기능까지 갖췄다.

사이렌 오더는 론칭 이후 지속적으로 사용 편의성과 기능을 강화하며 빅데이터를 활용한 추천 기능 도입과 음성 주문 서비스 등 이용자 중심의 맞춤형 서비스로 진화하면서 지금까지 누적 주문자 수가 6,600만 건에 달할 정도로 뜨거운 호응을 얻고 있다.

사이렌 오더를 통한 모바일 결제나 신용 카드 사용률이 지속적으로 늘어남에 따라 2019년 4월부터 현금 없는 매장을 시범 운영하고, 2019년 4월 현재 전체 매장 중 60%까지 확대하면서 미래 신용 사회에 대비하는 디지털 혁신을 통해 고객 서비스에 더욱 집중하고 있다.

2018년 6월 선보인 혁신적인 드라이브 스루 서비스인 'My DT Pass'는 차량 정보를 등록하면 매장 진입 시 자동 인식을 통해 별도의 결제 과정 없이 자동 결제되면서 바로 출차가 가능하다.

차량 정보 등록 이후 사이렌 오더로 주문 시 대기 시간을 더욱 획기적으로 단축해 이용 고객 수가 꾸준히 증가하고 있

혁신적인 드라이브 스루 서비스인 My DT Pass는 차량 정보를 등록하면 매장 진입 시 자동 인식을 통해 별도의 결제 과정 없이 자동 결제돼 바로 출차가 가능하다.

다. 특히 이 서비스는 스타벅스의 자체 빅데이터 분석과 마이 스타벅스 리뷰 고객 설문을 통해서 드라이브 스루 대기 시간 단축 및 결제 편리성에 대한 고객 의견을 적극 반영해 스타벅스코리아가 자체 개발한 결과물로 국내 커피 업계 최초의 서비스이며, 전 세계 스타벅스 중에서도 한국이 최초로 선보이게 되었다.

아울러 지속적으로 업무 효율성을 위한 전사적 자원 관리 시스템을 구축하고, 디지털 설문 조사 프로그램인 마이 스타벅스 리뷰를 통해 수집한 다양한 고객 의견을 빅데이터로 활용해 다양한 제품 개발과 서비스를 개선하는 데 적극 반영하고 있으며, 방문 매장에서 즉시 처리할 수 있는 요청 사항을 모바일 앱에 등록하면 개선 후 답변을 받을 수 있는 스토어 케어도 선보이며 고객 만족도를 높여가고 있다.

군수

신우철

완도군

학력

1972	완도수산고등학교 졸업
2004	한국방송통신대학교 졸업
2005	여수수산대학교 수산과학과 석사과정 졸업
2007	전남대학교 일반대학원 수산과학과 박사과정 졸업(이학박사)

경력

1978	국립수산진흥원 목포지원
1985	국립수산진흥원 완도어촌지도소
1991	국립수산진흥원 진도어촌지도소장
2009	전라남도 수산기술사업소
2011	전라남도 해양수산과학원 원장
2012	진도 부군수
2013	민주당 전남도당 농수축산발전특위 위원장
	완도수산고등학교 총동문회장
2014~2018	제37대(민선 6기) 완도군수
2015	더불어민주당 전남도당 농수축산발전특위 위원장
2018~현재	제38대(민선 7기) 완도군수

상훈

1987	모범 공무원 국무총리 표창
2000	수산양식기술보급사례 유공 해양수산부 장관 표창
2013	국가사회발전 유공 녹조근정훈장
2016	대한민국 경제 리더 대상(가치경영 부문)
2017	올해의 지방자치 CEO 선정

대한민국 청정바다수도 완도
THE CAPITAL OF THE CLEAN SEA WANDO

군정목표

모두가 잘사는 희망찬 미래완도

군정방침

- 미래성장 해양치유
- 지속가능 지역경제
- 사람우선 포용복지
- 생태중심 문화관광
- 가치보전 청정환경

완도군(신우철 완도군수)은 급변하고 있는 시대적 환경을 새로운 기회의 마중물로 삼고 완도의 미래 100년 대계를 위해 해양치유산업을 육성하여 제2의 장보고 시대를 열어가고자 한다.

완도군의 민선 7기 군정 목표인 '모두가 잘사는 희망찬 미래완도'를 실현하기 위해 미래 성장 해양치유, 지속 가능 지역경제, 사람 우선 포용 복지, 생태 중심 문화 관광, 가치 보전 청정 환경 등 5대 군정 방침을 내세워 생동감 넘치는 군정을 이끌어가고 있다.

글로벌 시장 개척 확대, 완도 브랜드 가치 급상승

글로벌 시장 개척의 핵심은 완도산 특산물의 우수성과 청정해역에서 생산된 믿을 수 있는 수산물이라는 것을 알리는 일이 우선되어야 한다는 확신으로 해외 시장을 개척하는 데 힘쓰고 있다.

그 결과 홍콩과 베트남, 미국 등에서 2,100만 달러의 수출계약 체결과 850만 달러의 수출 실적을 달성했으며 현지 유수 업체들과 업무협약을 총 5개국 16건을 체결했다.

그동안 동남아시아, 북미 지역으로의 수출은 신선도 유지

눈제로 항공 수출에 의존했었으나 활전복 전용 활컨테이너 5대를 제작해 2019년 1월 대만으로 활전복 1,200㎏을 수출했으며, 앞으로 수출물류센터를 조성해 수출하기 좋은 환경을 갖춰 해외 수출 경쟁력을 높여갈 계획이다.

앞으로 완도군은 동남아시아, 중국, 미국, 일본 등에서 수출 상담회와 식품 박람회 및 판매 촉진 행사 등을 개최하고, 해외 시장 개척단을 파견해 체계적인 마케팅으로 해외 시장을 공략하고자 한다.

관내의 신생 수출 선도 업체, 신제품 개발 기업 등 잠재력 있는 크고 작은 기업들에게도 해외 수출 상담회 및 프로모션 참여 기회를 제공하고 물류비를 지원해 해외 시장을 개척하는 데 앞장서갈 계획이다.

지역 경제 활력을 해양치유산업에서 찾다

해양치유산업은 완도군이 기획해서 해양수산부에 건의해 새로운 산업으로 받아들여졌으며, 문재인 정부 100대 국정 과제로 채택이 되어 2017년 10월 완도군이 해양치유산업 선도 지방자치단체로 선정되었다.

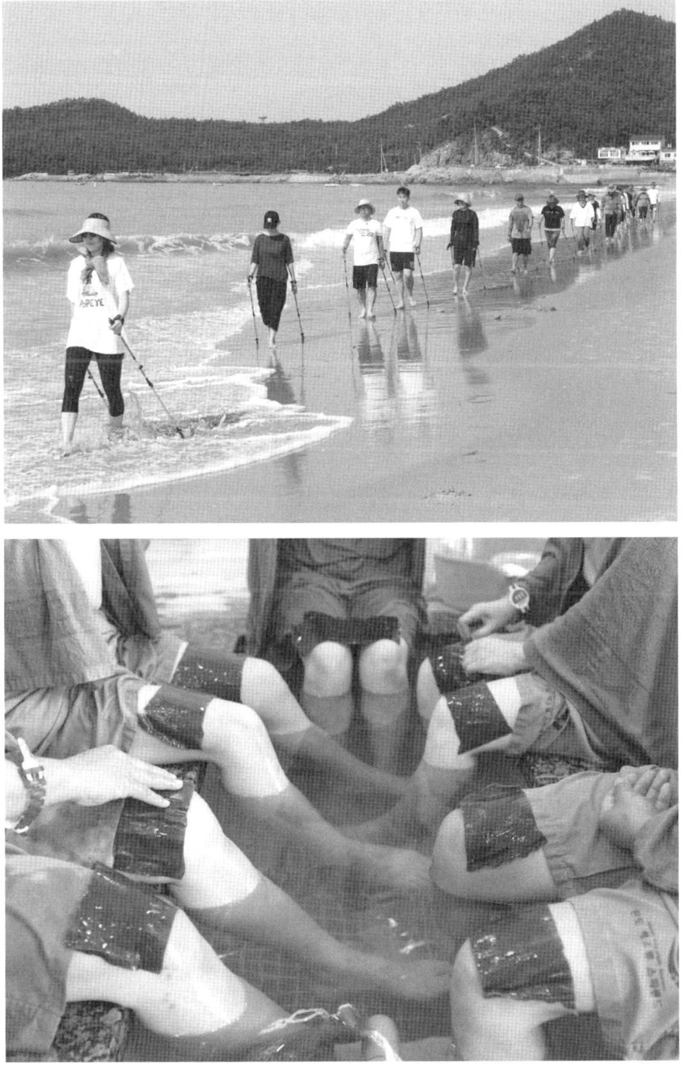

신지 명사십리해수욕장에서 해양 기후 치유 프로그램의 일환으로 노르딕 워킹과 해조류 찜질을 하고 있다.

이에 완도군은 2019년을 '해양치유산업 추진 원년'으로 정하고 해양치유산업 육성으로 좋은 일자리가 생겨나면 자연히 인구 유입이 되고 더불어 소득 창출을 이뤄 저출산, 인구 감소, 일자리 창출 문제 등을 해결해나간다는 방침이다.

유럽의 경우 해양치유산업을 100년 전부터 실시했고, 그 시장 규모가 무려 310조 원에 이른다. 독일 노르더나이시는 인구 6,000명에 해양치유산업 종사자가 1만 2,000명이며 1년 소득이 6,500~7,000억 원으로 인구 1인당 1억 원이 넘는 소득을 올리고 있다.

이처럼 고부가 가치의 산업을 완도군이 선도 지방자치단체로서 착실하게 추진해간다면 국민 건강 증진은 물론 일자리와 소득 창출에 막대한 영향을 끼치고 농·수·축산업의 동반 성장, 더 나아가 의료·관광·바이오산업과 연계돼 지역 경제는 활기를 띠게 될 것이다.

앞으로 완도군은 해양치유센터 건립을 위한 설계를 시작으로 공공시설(3,000억 원)인 해양치유전문병원과 해양치유공원 그리고 민자 시설(7,000억 원)인 해양치유리조트, 해양바이오연구소, 기업 등이 유치될 수 있도록 다각도로 노력할 것이다. 해양 기후 치유 프로그램 상시 운영과 법률 제정, 해양치

미세 먼지 배출에 탁월한 완도산 다시마.

유 자원 실용화 연구, 해양치유 전문 인력 양성, 해양치유 음식 개발 등을 적극 추진하는 등 완도의 미래이자 생존 전략인 해양치유산업에 총력을 기울이고 있다.

미세 먼지도 잡고, 건강도 잡는 완도산 해조류 각광

완도군의 전 해역이 생리 활성 촉매 역할을 하는 맥반석으로 형성돼 있어 우리나라에서 가장 깨끗한 바닷물을 유지하고 있으며, 맛과 향이 뛰어난 수산물을 생산하고 있다.

완도에서 생산되는 다시마 양은 전국 대비 약 70%를 차지하고 있으며 톳은 60%, 미역은 46%, 전복은 전국 생산량의

2019년 4월 신우철 완도군수는 박원순 서울시장을 만나 유해성 미세 먼지 대응과 도농상생 협력 방안에 대해 의견을 나누는 시간을 가졌다.

73%에 달해 해조류의 고장, 해조류 산업의 메카, 전국 제1의 수산군이다. 최근에는 미세 먼지 때문에 완도산 해조류가 각광을 받고 있는데 미역이나 다시마 등의 해조류 속에는 알긴산이라는 다당류가 들어 있어 미세 먼지나 각종 노폐물을 흡수해 배출시키는 역할을 하고, 베타카로틴 성분은 호흡기 점막을 강화시켜 미세 먼지의 체내 침투를 억제하며, 칼륨은 혈액 순환 개선 및 독소를 배출한다는 연구 결과도 나왔다.

이처럼 해조류의 효능이 알려지면서 청정 바다 완도에서 생산되는 해조류와 해조류를 원료로 하는 식품 판매도 급증하고 있다.

완도산 수산물로 만든 제품은 무려 100종에 이르는데 말린 미역과 다시마부터 돌김, 파래김은 물론 톳 분말과 김장아찌, 미역귀가루, 미역해조국수, 다시마장아찌 등 다양한 종류가 상품화되었다.

완도군은 미세 먼지도 잡고, 건강도 잡는 완도산 해조류의 효능과 가치를 알리고 소비 촉진 활동에도 힘써 지역 경제를 활성화하는 데 보탬이 될 수 있도록 할 계획이다.

2021완도국제해조류박람회 개최, 미래 해양 산업 기반 다진다

해조류를 주제로 하는 박람회는 세계에서 유일하게 대한민국 청정 바다 수도인 완도에서 2014년과 2017년도에 개최되었다. 이에 따라 해조류 산업의 국제적 위상이 높아짐에 따라 해조류 산업 선도 국가 지위 확보와 국가 동력 산업으로 육성하고자 완도군은 2021완도국제해조류박람회를 개최하는 데 최선을 다하고 있다.

2017완도국제해조류박람회는 완도 설군 이래 가장 많은 140만 명이 완도를 다녀갔고, 약 94만 명이 박람회장을 찾

2017완도국제해조류박람회 기간 중에 약 94만 명이 박람회장을 찾았으며, 해외 바이어 초청 수출 상담회도 열었다.

았으며, 13개국을 대상으로 5,230만 달러의 수출 계약 달성, 1,421억 원의 생산 유발 효과, 593억 원의 부가 가치를 유발하며 해조류 산업 발전의 토대를 마련했다는 평가를 받았다.

이와 같은 성과를 밑거름으로 2021완도국제해조류박람회가 '바닷말이 여는 희망의 미래'라는 주제로 2021년 4월 16일부터 5월 9일까지 열린다.

2018년 12월, 국제 행사 승인을 위해 전라남도와 공동 개최를 위한 업무협약을 맺고, 국제 행사 승인 준비와 예산, 운영 인력 확보 등을 함께 협력해나가기로 했다.

2021년에 열린 박람회는 수출 중심의 산업형 박람회로 이끌어 완도산 해조류가 해외 시장을 선점하고, 해조류 산업을 한 단계 더 끌어올릴 수 있도록 추진해나가겠다. 특히 해조류 박람회와 함께 해양치유산업을 연계해 완도군 미래 해양 산업의 기반을 탄탄히 하는 박람회로 개최하고자 한다.

수산 소득 1조 원 시대 연다

완도군의 주력은 수산업이다. 최근 해양 환경 보존 및 식품 안전 규정, 국제적인 품질 인증 획득을 의무화하는 등 수산물

책임 있는 친환경 수산물 생산 선포식을 하고 있다.

에 대한 안전성이 날로 부각되면서 선제적 대응이 필요한 시점이다.

이에 완도군은 2018년 아시아 최초로 14개의 전복 어가에서 친환경 수산물 국제 인증인 ASC를 받은 데 이어 전복 ASC 인증 확대 및 해조류 ASC-MSC 인증 추진에 박차를 가하고 있다.

군은 완도에서 생산되는 수산물의 10% 이상을 ASC, ASC-MSC 인증을 받을 수 있도록 차별화를 두고 경쟁력을 갖춰나가겠다는 방침이다.

아울러 기후 변화의 5대 리스크, 즉 태풍, 적조, 고수온, 폭우, 이상 수괴 등에 대응하기 위해 기후 변화 대비 육종 연구 지원을 통해 지역 특성에 맞는 종자 배양 및 종 보존, 개발을 통한 소득 기반 구축으로 지속 가능한 수산 양식 경쟁력을 확보해갈 것이다

해양 쓰레기 전담 수거 처리단 확대 운영, 갯녹음 예방, 바다 숲, 완도 연안 바다 목장 조성, 굴 패각 처리 시설 등을 통해 완도 청정 바다를 보전해나가고 있다.

전국 최초 해양 환경 관리와 해양 쓰레기를 처리하는 해양 환경관리팀 운영은 2018년에 12개 읍·면 190개 마을의 해안가를 순회하며 폐스티로폼을 분리(톤백 마대 500개)하고 선별해 처리했다. 무인 도서, 외딴섬도 찾아 해양 쓰레기를 수거, 태풍 솔릭과 콩레이 등으로 인해 발생한 해양 쓰레기 3,000여 톤을 수거했으며, 이동식 폐스티로폼 감용기 운영으로 해양 쓰레기 위탁 처리비 연간 5억 원의 예산을 절감하고, 14명의 청년 일자리를 창출하는 등 이 같은 활동을 높이 평가받아 행정안전부 장관 기관 표창, 제15회 대한민국 지방 자치 경영 대전 평가에서 대통령상을 수상하는 쾌거를 이뤘다.

바다는 미래의 자원이며 후손에게 물려줘야 함과 동시에 수산 소득 1조 원 시대를 여는 데 선결 조건일 것이다.

완도 자연그대로 농축산물 대한민국 대표 브랜드로 육성

'완도 자연그대로' 농축산업은 청정 바다 해풍과 오염되지 않은 깨끗한 토양 등 완도만이 갖고 있는 강점을 극대화하고 품목별 6차 산업화가 가능한 유자, 한우, 흑염소, 비파 등 7개 품목을 발굴해 바이오 기능수, 유용 미생물EM 등을 활용하며 최근 소비 트렌드에 맞춰 소비자가 안심하고 먹을 수 있도록 고품질의 농축산물 생산을 위해 집중 육성하고 있다.

특히 자연그대로 미가 2018년 9월 할랄 인증을 받고 말레이시아에 수출한 데 이어 2019년 100톤가량을 미국에 수출하게 됨으로써 자연그대로 미가 세계 시장으로 진출하는 전기를 마련했다. 이 밖에도 유자 가공 공장 건립, 비파 가공 육성 사업 추진, 한우와 흑염소에 바이오 기능수와 EM을 생육 전체 단계에 급여하는 등 자연그대로 농법 실천을 역점 사업으로 추진하고 있다.

아울러 해양치유산업과 완도 자연그대로 농축산물을 연계해 시너지 효과를 내고자 판매·가공 시설도 연차별 투자 계획에 따라 확충해 완도 자연그대로 농축산업의 특화 요인을 적극 반영한 발전 전략을 마련하는 데 역량을 집중하고 있다.

자연그대로 미가 할랄 인증을 전남 최초로 받아 말레이시아에 수출하게 되었다.

해마다 늘어가는 관광객, 휴양 관광 도시 완도

완도는 세계적 해양 영웅 장보고 대사와 이 충무공의 얼이 서려 있는 곳으로 역사, 문화 등 우수한 관광 자원을 보유하고 있으며 이를 보전하기 위해 유네스코 세계 문화유산 및 생물권 보전 지역 등재를 위한 절차를 밟고 있는 중이다.

문재인 대통령과 중국 시진핑 주석의 관심 사업인 이순신 장군과 진린 장군의 선양 사업도 순조롭게 진행되고 있다.

완도의 역점 추진 사업인 해양치유산업과도 연계해 약산에 동백 치유의 숲 조성과 신지, 청산도에는 200억 원의 해양

공기 비타민이라 불리는 산소 음이온이 대도시에 비해 50배나 많은 명사십리해수욕장은 친환경 해변에만 주어지는 블루 플래그 국제 인증을 신청했다.

아시아 최초 슬로 시티인 완도군 청산도에서 청산도는 쉼이다라는 주제로 2018 청산도 슬로 걷기 축제가 열렸다.

치유 블루 존 조성 등 다양한 콘텐츠를 개발해 오래 머무르다 가고 싶은 휴양 관광 도시로 만들어가고자 한다.

공기 비타민이라 불리는 산소 음이온이 대도시에 비해 50배나 많은 신지 명사십리해수욕장은 친환경 해변에만 주어지는 '블루 플래그' 국제 인증을 받아 대한민국 대표 휴양지 관광 문화를 선도해갈 계획이다.

2018년 기초자치단체를 대상으로 한 여름휴가 바다·해변 만족도 평가에서 완도군이 전국 1위를 차지했으며, 여행 자원 풍족도와 여행 환경 쾌적도 부분도 상위권으로 나타나 전국 종합 여행 만족도 2위를 기록했다. 이는 전국 153개 시군의 여행 소비자 조사를 실시하고 평가한 결과다.

이외에도 아시아 최초 슬로 시티로 지정받은 청산도를 비롯해 3년 연속 공모 선정된 '가고 싶은 섬'으로 소안도, 여서도, 생일도 등이 있어 여름뿐만이 아니라 가을, 겨울 등 사계절 동안 찾을 수 있는 관광 자원이 풍부하다.

완도군은 앞으로도 위생 관리, 환경 정화 등을 꾸준히 실행해 청정 바다를 지켜갈 것이며, 해양치유와 힐링이라는 콘텐츠를 적극 발굴해 새로운 관광 패러다임을 제시해 다시 찾고 싶은 여행지로 발전시켜갈 방침이다.

군민과 함께 만들어가는 희망찬 미래 완도

신우철 완도군수는 '모두가 잘사는 희망찬 미래 완도' 실현을 위해 민선 7기에 들어서면서 5개 분야 52개의 공약 사업을 척척 진행하고 있으며, 찾아가는 이동군수실 운영을 통해 현장 행정을 펼쳐가고, 군민 중심의 주민 참여 예산제, 지역발전상생협의회 등을 운영해 군민과 소통하고 협업을 통해 군정을 지속적으로 추진하고 있다.

완도군은 민선 6기 때 매니페스토 공약 이행 평가에서 2015년 우수 등급과 2016년 이후 2018년까지 3년 연속 최우수 SA 등급을 받는 등 군민과의 약속 이행 외부 평가에서 우수한 평가를 받은 바 있다.

앞으로도 군은 군민과의 소통의 자리를 확대하고 군정에 대한 군민의 참여 기회를 보장해 따뜻한 지역 공동체를 형성하고, 군민이 중심이 되는 행정을 구현해나갈 방침이다.

촘촘하고 든든한 그물망 복지로 군민 행복 시대 견인

완도군은 군민의 삶을 보호하고자 '사람 중심 포용 복지'를

전복 주산지인 완도군 노화읍, 소안면, 보길면 7개 마을에 이동군수실을 운영하고 있다.

구현하고, 따뜻한 공동체를 만들기 위해 수요자 중심의 맞춤형 복지 사업을 추진하는 데 최선을 다하고 있다.

이에 치매안심센터, 장애인 직업 재활 시설 운영, 희망 더하기 결연 사업, 노인 돌봄 사업(20억 원), 다문화 가정이 안정적으로 정착할 수 있도록 다문화가족지원센터 운영(6억 원), 아동 복지 사업(22억 원) 등을 추진하고 있다.

완도군 행복복지재단에서는 맞춤형 복지 서비스 제공으로 다양한 복지 수요에 능동적으로 대처하고 복지 사각지대를 해소하기 위해 70억 원의 기금을 조성해 2만 150세대에 지원, 양

2019년 2월 완도군 농어촌 버스 단일 요금제(1,000원 버스) 시행 협약을 체결했다.

완도군은 저출산과 고령화에 따른 인구 감소가 지자체 존립의 문제로 대두되면서 다둥이 부모와 함께 육아 관련 현실적인 문제부터 고민해보고자 자리를 마련했다.

육비 지원 28억 원 투자, 육아의 현실적인 문제를 군과 함께 고민하고 해결해 아이 낳아 키우기 좋은 완도, 젊은이들이 미래를 설계할 수 있는 완도를 만드는 데 노력을 기울이고 있다.

CCTV통합관제센터 구축 및 운영, 군민 안전 보험 가입 등을 통해 군민 안전을 최우선시하고 있다.

건강생활지원센터 개소, 어르신 무료 목욕권 지원 확대, 100원 희망 택시, 장애인 콜택시 및 1,000원 버스를 시행하는 등 군민의 삶의 질을 높이고 편안하게 살 수 있는 환경을 만들어가고 있다.

연근해 조업 선단 유치 및 맞춤형 일자리, 복지 정책 추진

완도 연근해에서 조업 중인 근해 조업 선단 5,626척을 유치해 1,429억 원의 경제 유발 효과와 연간 419명의 일자리를 창출했다. 지역 특화 품목의 가공 산업 육성으로 7년 연속 지역 맞춤형 일자리 창출 사업 공모에 선정되어 7개 사업 206명의 일자리를 창출해 관내 미취업자 고용을 촉진하고 사회 참여와 근로 소득 기회를 제공했다.

요양 병원을 위문하고 있는 신우철 완도군수.

생활 밀착형 SOC 확충으로 지역 균형 발전

도서 주민의 생활 기반, 편의 시설 확충을 위해 국비 156억 원을 확보해 식수원 개발 추진, 연료 환경 개선을 위한 완도읍 LPG 배관망 사업(32억 원) 추진, 구시가지 도시 재생 뉴딜 사업, 어촌 정주 여건을 개선하는 어촌 뉴딜 300사업(104억 원) 등으로 군민의 생활 불편을 해소하고 있다. 어촌 특성에 맞는 기초 생활 기반 확충, 소득 증대 사업, 지역 경관 개선을 위한 일반 농산어촌개발사업(109억 원), 농촌중심지활성화사업(171억 원), 도서종합개발사업(82억 원), 주민숙원사업(84억 원) 등을 추진해 살기 좋은 어촌 마을을 조성하는 데 심혈을 기울이고 있다.

낙후된 지역 균형 발전과 남해안 관광 벨트로 접근성 향상, 물류비 절감, 해양 관광 활성화를 위해 2019년 예산 1,834억 원을 확보한 광주~완도 간 고속도로 사업의 2단계 구간 조기 착공, 금일~약산 간 연륙교, 구도~소안 간 연도교 사업을 차질 없이 추진해 지역 균형 발전을 이뤄갈 수 있도록 모든 역량을 집중하고 있다.

신우철 완도군수는 "지금 우리 군은 고령화, 저출산, 전출 등으로 인구 감소에 따른 지방자치단체 소멸 위기에 처해 있다. 이에 완도의 희망이 될 역점 사업인 해양치유산업에 집중해 청장년층이 돌아오고, 살기 좋은 완도를 만드는 데 모든 역량을 집중할 것"이며 "이를 위해서는 군민과 함께 뜻을 모아야 할 때이므로 군민의 많은 관심과 성원을 부탁드린다"고 했다.

사장
오경수

제주특별자치도개발공사

학력

1982 고려대학교 경영학과 졸업
2007 고려대학교 경영대학원 국제경영전공 석사
2014 고려대학교 정보보호대학원 정보보호정책학과 박사과정 수료

경력

1981 삼성물산 관리부 대리
1986 삼성그룹 회장비서실 차장
1995 삼성그룹 미주 본사(뉴욕) 기획실 부장
2000 삼성그룹 시큐아이 대표이사
2004 한국정보보호산업협회 협회장
2005 롯데정보통신, 현대정보기술 대표이사
2011 국가정보화전략위원회 위원
한국소프트웨어산업협회 협회장
2012 한국정보처리학회 학회장
2015 고려대학교 정보보호대학원 겸임교수
한국소프트웨어산업협회 명예회장
한국정보보호산업협회 협회장 명예회장
2019 제주특별자치도개발공사 사장

상훈

2010 동탑산업훈장

제주특별자치도개발공사
JEJU PROVINCE DEVELOPMENT CO.

오경수 사장은 2017년 취임 한 달 만에 '2020 슬로건'과 '2017년 경영 방침'을 선포하며 오경수식 혁신 경영의 신호탄을 쏘아 올렸다. 제주특별자치도개발공사는 '제주의 성장 발전을 이끄는 글로벌 창의 기업'이라는 공사 비전 달성을 위해 '2020 슬로건'인 '두드림Do Dream, JPDC!'를 선포했다. '두드림'은 '열심히 두드려 장벽을 깨뜨리고(변화와 혁신하고), 꿈을 실현하자'는 뜻을 담고 있다.

조직 역량과 공사 성과를 2배로 달성하자는 의미의 '두 더블Do Double'과 최고의 품질로 모두가 만족할 때까지 공사인들 모두 최선을 다하겠다는 꿈과 의지의 표현인 '두 제로Do Zero-Defect'도 함축하고 있다.

2020년까지 중장기적인 4대 실행 전략 '사회 가치', '사업 혁신', '고객 서비스', '조직 혁신'을 바탕으로 제주 자원을 통해 가치를 창출해 도민에게 기여하는 것이 목표다.

제주물의 세계화를 본격화

한편 오경수 제주특별자치도개발공사 사장은 제주물의 세계화를 하는 데도 적극 나서고 있다. 그 일환으로 2018년 4월

제주특별자치도개발공사는 제10회 제주물 세계포럼을 개최하며 제주 수자원 보호를 위한 국제 협력에 드라이브를 걸었다.

제주개발공사는 유네스코 본부와 프로젝트 협정을 체결했다. 협정에 따라 제주개발공사와 유네스코는 2023년까지 국제지구과학프로그램IGCP의 지하수 연구, 글로벌 지질 공원UGG 발굴, 제주물 세계포럼 글로벌 네트워크 구축을 본격화한다.

이어 2018년 10월에는 유네스코 아시아-태평양 본부, 한국지질자원연구원과 함께 '제10회 제주물 세계포럼'을 개최하며 제주 수자원 보호를 위한 국제 협력에 드라이브를 걸었다.

'물과 건강'을 주제로 열린 포럼에 유네스코 본부와 아시아지질자원위원회CCOP, 싱가포르국립대학교 등에서 국내외 전문가 700여 명이 참석해 제주 지하수의 우수성과 지속 가능 이용을 위한 물 관리·보전 방안에 대해 논의했다.

특히 이날 포럼에서는 제주 지하수에 면역 활성 효과 등 건강에 이로운 물질이 함유되어 있다는 주장이 제기돼 국내외 전문가들의 이목을 끌기도 했다. 더불어 국내외 전문가들이 한자리에 모여 제주물 세계포럼의 글로벌 협력 방안을 논의하는 서밋 토크도 진행되어 큰 관심을 모았다.

제주물아카데미, 글로벌 교육 캠프로 성장

제주삼다수와 함께하는 제주물아카데미가 2018년에는 유네스코가 참여하며 우리나라를 대표하는 물 캠프이자 글로벌 교육 캠프로 성장했다.

제주물아카데미는 전국 초등학교 6학년생을 대상으로 체험 및 탐구 활동을 통해 물의 귀중함과 물 보호의 필요성을 몸소 느낄 수 있는 프로그램을 구성해 운영하고 있다.

2018년 8월 27일부터 30일까지 3박 4일간 열린 2018 제4회 제주물아카데미는 유네스코 아시아-태평양 본부가 참여해 유네스코의 물 보호와 절약에 대한 탐구 활동을 집중 수행함으로써 제주물아카데미를 글로벌 수준으로 업그레이드

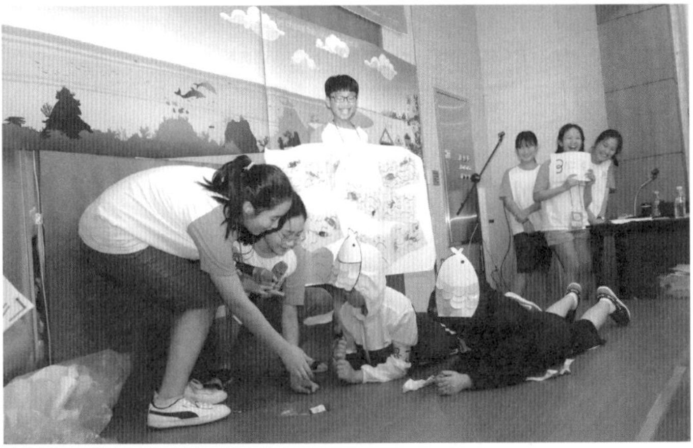

제주삼다수와 함께하는 제주물아카데미가 우리나라를 대표하는 물 캠프이자 글로벌 교육 캠프로 성장하고 있다.

시켰다는 평가를 받고 있다. 2018 제4회 제주물아카데미 캠프 기간 중 탐구 활동에 뛰어난 학생들은 환경부 장관상을 비롯해 유네스코 아시아-태평양본부장상, 국회 교육위원회 위원장상, 제주특별자치도지사상, 제주특별자치도 교육감상, 제주특별자치도개발공사 사장상 등을 수상했다.

제주특별자치도개발공사 오경수 사장은 “제주물아카데미를 아시아-태평양 지역을 대표하는 글로벌 물 캠프로 발전시키기 위해 유네스코 아시아-태평양 본부 및 도내외 유관 기관과의 연계 협력을 통해 교육 프로그램을 한층 강화시켜갈 계획”이라고 밝혔다.

소통을 통한 열린 혁신

오경수 사장은 취임 직후부터 현재까지 ‘소통을 통한 열린 혁신’을 강조하고 있다. 실제로 오 사장은 취임한 지 얼마 지나지 않아 직원들에게 직접 작성한 ‘CEO의 월요 희망 편지’를 보내며 화제가 되기도 했다. CEO의 권위를 내려놓고 직원들과 허심탄회하게 소통하겠다는 CEO의 약속의 징표라고 할 수 있다. 이외에도 직장 선배, 인생의 선배로서 공사인들과 교감하고 소통하기 위해 CEO가 직접 강사로 나서서 특강을 하는가 하면, 특히 여성 사원들을 대상으로는 ‘JPDC 여성 인재 아카데미’도 정기적으로 마련하고 있다.

2017년부터는 신규 직원 임용식을 가족을 초청해 오픈 파티 형식으로 진행하고 있다. 가족 친화 기업 문화 조성을 위해 마련된 '패밀리 데이'는 수습 기간을 마치고 정식 직원이 된 신규 직원들의 가족을 초청해 임용식을 열고, 공사의 입장에서 귀한 인재로 잘 키워준 가족들에게 감사의 마음을 전하기 위한 자리다.

도내외 협력사들과 상생과 동반 성장을 다짐하는 '두드림 JPDC 파트너스 데이'도 제주개발공사의 대표 프로그램으로 자리 잡고 있다. 공사가 협력을 맺고 있는 파트너사와 소통을 통한 협력 체계를 구축하고, '윈 윈Win Win'하는 상생 방안을 논의하기 위해 오 사장이 2017년 처음 도입한 제도다.

이와 함께 제주개발공사는 정부의 공공 부문 열린 혁신 의지에 적극 동참하고 대내외 공감대 형성 및 추진 동력 확보를 위한 'JPDC 열린 혁신 추진단'도 운영하고 있다.

'도민과 함께하는 JPDC 열린 혁신 아이디어 공모전'을 통해 혁신 과제를 발굴하기도 했다. 도민들의 아이디어는 공사를 경영하는 데 반영하고 앞으로 사업 추진 과정에서도 도민들이 참여할 수 있는 방안을 지속적으로 마련할 방침이다.

2018년부터 참신한 아이디어를 통해 경영 혁신을 실행하

가족 친화 기업 문화 조성을 위해 마련된 패밀리 데이.

고, 조직 내 소통의 가교 역할을 담당할 'JPDC 열린 혁신 주니어 보드'를 본격 운영하고 있다. 창의적인 시각과 열정적인 사고를 지닌 젊은 실무자들로 구성된 'JPDC 열린 혁신 주니어 보드'는 사내 공모와 총괄별 추천 등을 통해 20명을 선발, 2018년 4월 발대식을 하고 운영을 시작했다.

지역 상생을 위해 한 걸음 더

제주개발공사는 청정 제주의 자원을 통해 먹는 샘물 및 음료 사업을 진행하며 지역 발전을 이끌어오고 있다. 먼저 대한민국 No.1 먹는 샘물 제주삼다수는 자연이 빚어낸 순수함의 결정체라고 할 수 있다. 지하 420*m* 화산 암반층에서 18년 동안 거르고 거른 제주의 맑은 물 가운데서도 0.08%만이 제주삼다수로 만들어진다. 제주삼다수는 1998년 출시 이후 시장 점유율 1위 자리를 수성하며 제주의 가치를 높이고 있다.

이와 함께 제주개발공사는 제주 생명 산업이라 할 수 있는 감귤 사업의 발전을 위해 감귤 복합 처리 가공 단지를 조성·운영하고 있다. 연간 가공용 감귤 50% 이상을 수매·처리해 감귤 농가의 수익 증대는 물론 수급 조절을 통한 가격 안정화를 도모하고 있으며, 이를 통해 '감귤주스' 등 감귤 농축액을 활용한 음료를 생산, 판매하고 있다.

제주개발공사는 제주도민의 복지 증진을 위한 각종 개발 사업과 제주의 인재 육성 및 지하수의 지속 가능한 자원을 관리하는 데도 앞장서고 있다. 공사는 도내 최저 소득 계층을 위해 저렴하게 주택을 임대해주는 '매입임대주택 사업'과 임대료를 주변 시세의 60~80% 수준으로 책정하고 제주도에서 임차 보증금을 지원하는 '행복주택 사업' 등 지역 개발 사업을 통해 도내 주거 환경 안정화를 통한 젊은 계층의 유입으로 지역 경제를 활성화하는 데 기여하고 있다.

뿐만 아니라 공사는 제주지하수를 지속적인 이용이 가능한 자원으로 관리하기 위한 연구 개발 사업도 중점 진행하고 있다. 제주지하수의 수량과 수질 조사, 연구/관리 체계를 더욱 강화해 삼다수 사업이 지속 성장할 수 있는 기반을 확고히 할 뿐 아니라 제주지하수의 기능적 우수성을 규명하고 제주지하수의 가치 창출을 위한 기초 및 응용 연구를 하는 데도 힘쓰고 있다.

순수익의 50% 제주도민에게 환원

제주개발공사는 지역 개발 사업과 공익 사업 등 도민을 위한 다양한 사업을 전개하고 있다. 특히 제주개발공사는 제주삼다수 사업을 통해 발생하는 순이익 50%를 제주도에 배당해 도민에게 환원하고 있는 것으로 유명하다. 2,100억 원에 달하는 공사의 사회 공헌 사업은 일자리 창출과 인재 양성, 주거 안정, 환경 보전, 복지 향상을 기본으로 공동의 가치를 높이고, 나누는 것을 핵심 가치로 삼고 있다.

제주개발공사는 지역 미래 꿈나무를 위한 인재 지원 사업 일환으로 장학 재단 운영부터 해외 연수, 안심하고 학업에 몰입할 수 있는 생활공간 제공까지 포괄적인 활동에 나서고 있다.

2004년 설립된 제주삼다수재단을 통해 2018년까지 제주 지역 중고등학교 및 대학생 총 960명에게 21억 4,000만 원 규모의 장학금을 지급했다. 또한 제주 출신 수도권 대학생들이 미래의 꿈을 키울 수 있는 생활공간인 '탐라 영재관'을 운영, 지금까지 6,000명이 넘는 인재들이 이곳을 거쳐 갔다.

이 밖에 글로벌 인재 양성을 위한 대학생 해외 인턴십 지원 및 영재육성기금을 기탁해 제주 지역 영재 발굴 지원에도 노력하고 있다.

뿐만 아니라 제주개발공사는 정부 정책 사업의 일환으로 사회적 소외 계층의 주거와 서민 주거 안정을 위한 매입임대주택 사업도 시행하고 있다. 2006년부터 제주도민들의 주거복지 향상을 위해 주택을 매입해 저렴하게 공급(임대)하고 있으며 2018년에는 130호를 매입하는 등 현재 총 495세대를 운영하고 있다. 2019년에는 저소득층 대상 100호, 신혼부부 대상 50호, 대학생·청년 대상 30호, 기존 주택 180호를 매입할 계획이다.

공사는 매입임대주택 사업 외에도 행복주택 사업을 전개하고 있다. '마음에온'이라는 통합 브랜드를 구축해 제주개발공

매입임대주택 사업 외 행복주택 사업을 전개하는 제주개발공사는 마음에온이라는 통합 브랜드를 구축해 정성을 다해 지은 집이라는 이미지를 강화하는 중이다.

사가 정성을 다해 지은 집이라는 이미지를 강화해가고 있다.

'마음에온'은 공공 주택 입주자들의 주거 안정을 통해 가족과 자신의 미래를 안정적으로 설계할 수 있게 해주는 집이라는 의미와 스마트 시스템을 갖춘 미래 주택으로서의 의미로 '미래를 품은 집'이라는 의미다.

입주가 완료된 '아라 마음에온'은 대지 면적 2,269㎡, 건축면적 834㎡, 지하 1층 지상 4층, 39세대 규모로 2018년 8월 완공했다. 48세대 규모의 함덕 행복주택, 26세대 규모의 삼도1동 행복주택 등도 2018년 12월 완공했다. 2020년 2월에는 한림 행복주택을 완공할 예정이며 삼도 2동, 김만덕기념관 부설주차장 등도 추가 건설을 위해 설계가 진행 중이다.

공사의 행복주택 입주 자격은 모집 공고일 기준으로 청년, 신혼부부, 고령자, 주거 급여 수급자 등이다. 심사를 통해 입주자를 선정한다.

이와 함께 제주개발공사는 향후 노후된 공공시설을 임대주택, 편익 시설 등의 용도로 개발하는 노후 공공시설 복합개발 사업도 추진하고 있다. 문화 여가 서비스 제공, 주거 위기 세대 지원, 주거복지센터 운영 등 도민의 주거 복지를 향상시키기 위한 사회 공헌 사업도 진행할 방침이다.

제주삼다수의 광폭 행보

2018년 출시 20주년을 맞은 대한민국 대표 먹는 샘물 제주삼다수는 오경수 사장 취임 이후 광폭 행보로 주목을 받고 있다.

오 사장은 제주삼다수가 20년 동안 소비자들로부터 사랑받을 수 있었던 비결, 향후 시장 리더십 강화의 핵심 역시 '품질'이라고 강조하면서 2018년 '품질우선주의'를 최우선 과제로 삼고 신규 생산 라인 증설과 스마트 팩토리를 통한 글로벌 품질 시스템 강화에 나섰다.

그 일환으로 2018년 다섯 번째 생산 라인의 가동을 시작했다. 새로 가동되는 L5 생산 라인은 제주삼다수 500*ml* 전용으로 분당 1,270병을 생산할 수 있으며 세계 최고 수준의 생산 속도를 내고 있다. 이 라인은 무인 운반 장치를 이용한 부자재 이송 시스템을 비롯해 라인모니터링시스템LDS 등을 갖춘 스마트 팩토리를 기반으로 구축돼 빅데이터를 활용한 네트워크 연결 및 활용 또한 가능하다.

소비자 니즈를 반영해 제주삼다수는 2018년 20년 만에 신제품을 출시했다. 휴대가 간편한 소용량 제품을 선보인 것이다. 이보다 앞선 2018년 4월에는 '제주삼다수' 출시 20주년을 기념해 컬러풀한 색상의 한정판 패키지 제품을 출시해 한층 더 젊어지고 생동감 있는 이미지를 전달하기도 했다.

이와 함께 제주삼다수는 비소매 및 업소용 채널 시장을 확대해 시장 지위를 보다 강화해나감과 동시에 '소비자와 더 가까운 생수', '프리미엄 생수'로 국내 먹는 샘물 산업을 선도해 나가고 있다.

제주삼다수는 LG생활건강이 운영하는 자판기에 입점했다. 앞으로 호텔 등 특급 레저 시설에 입점함으로써 프리미엄 제품으로서 제주삼다수의 브랜드 이미지를 강화해갈 방침이다.

이외에도 제주삼다수는 일반 음식점, 패밀리 레스토랑을

비롯해 사무실, 학교, 레저 휴양 시설에도 영업을 강화함으로써 생활 주변 어디에서 볼 수 있는 라이프 스타일 브랜드로 거듭난다는 전략이다.

친환경 제품으로 거듭나는 제주삼다수

오경수 사장은 취임 후 제주삼다수의 친환경 제품을 생산하는 데도 상당한 공을 들여왔다. 먼저 생수 페트병의 재활용성을 높이는 데 중점을 두었다. 삼다수 생산 초기부터 비중 1 미만의 합성수지 마개를 사용해 몸체와의 분리가 쉽도록 한 데 이어 2017년부터는 제품 몸체를 단일 재질의 무색 제품으로 개선했다.

2018년 8월부터 모든 라인에서 물에 잘 분리되는 수분리성 접착식 라벨을 사용해 제품의 순환 이용성도 강화했다. 이 공로를 인정받아 제주개발공사는 제10회 '자원순환의 날'에 국무총리 표창을 수상하기도 했다.

이와 함께 소비자들에게 친환경 소비문화를 유도하는 일에도 앞장서고 있다. 제주의 주요 관광지에 무분별하게 버려지는 일회용품 쓰레기 문제에 대한 경각심을 일깨우고 제주를

비소매 및 업소용 채널 시장을 확대해감과 동시에 소비자와 더 가까운 생수, 프리미엄 생수로 국내 먹는 샘물 산업을 선도하는 제주삼다수.

찾은 관광객들에게 친환경 생활 유도를 위해 '페트병 자동수거보상기 시범 사업'을 시작했다.

실제로 2018년 10월 제주 대표 관광지 주상절리를 시작으로 12월까지 페트병 자동수거보상기를 총 4곳에 설치했다.

설치 지역은 올레꾼과 관광객이 가장 빈번하게 찾는 장소이자 캔 또는 페트병 같은 재활용 쓰레기가 상당히 배출되는 곳에 했다. 도민뿐 아니라 여행자들도 쓰레기 분리수거에 대한 가치를 전파하기 위해 선별해 진행하고 있다.

사용법도 간단하다. 빈 페트병 또는 캔 등을 자동수거보상

제주개발공사는 제주를 찾는 관광객들에게 친환경 생활 유도를 위해 페트병 자동수거보상기 시범 사업을 시작했다.

기에 넣으면 자동 분리해 기존 부피의 10분의 1까지 줄여서 재활용 쓰레기 처리 비용을 절감할 수 있다.

수거함에 캔 또는 페트를 넣은 만큼 포인트를 적립해주는 제도도 도입했다. 2,000점 이상이 쌓이면 별도의 신청을 통해 본인 계좌에 포인트를 현금으로 돌려받을 수 있다. 캔 1개당 10포인트, 페트 1개당 5포인트가 쌓이며 1명당 1회 20개까지만 넣을 수 있다. 이번 사업은 제주개발공사가 재활용품 자동수거보상기 구입 및 운영 예산 지원을, 서귀포시청이 장치 운영 장소 제공 및 기술 지원을, 제주올레가 재활용품 자동수거보상기를 직접 관리 또는 운영하는 민·관·기업의 협력 모델로 더 큰 의미를 갖는다.

2019년에도 삼다수 사업은 현장 품질·안전 개선을 통한 안정 생산과 함께 국내 판매·유통 체계를 고도화해 1위 자리를 수성하도록 노력할 계획이다.

전 세계 물 문제 해결에도 앞장

유네스코와 파트너십을 체결한 이후 공사는 인구 증가와 기후 변화로 인한 사회적 문제가 대두되고 있는 서부-중앙아프리카 지역의 물 문제를 해소하는 데도 앞장서고 있다.

공사는 베냉의 국제수자원학교에 수문 지질학 및 지구 물리학 연구 기법에 대한 교육 훈련 프로그램 지원을 비롯해 코트디부아르 식수 공급 문제를 해결하기 위한 프로젝트도 추진 중이다. 해당 지역의 수자원 보전 관리를 위한 토지 이용도 작성, 물과 토양 분석을 위한 현장 교육 등 다양한 수자원 교육 훈련을 함께 지원하고 있다. 향후 공사는 아프리카 지역뿐 아니라 물 부족으로 고통 받고 있는 지역에 문제 해결을 위한 지원을 확대할 방침이다.

회장
오원석

코리아에프티주식회사

코리아에프티(주)

학력

1971	경기고등학교 졸업
1975	서울대학교 기계공학과 졸업

경력

1974	현대양행(현 두산중공업) 입사
1982	대우조선공업 부서장
1987	코리아에어텍(주) 부사장
1996	코리아에프티(주) 대표이사
2019	자동차부품산업진흥재단 이사장

상훈

2004	제31회 상공의 날 산업자원부 장관 표창
2009	범죄 피해자 지원 유공 표창
	세계일류상품 및 세계일류기업 선정
2010	제44회 납세자의 날 표창
2012	제9회 자동차의 날 동탑산업훈장 수훈
	제49회 무역의 날 7,000만불 수출의 탑 수상
2014	춘계학술대회 글로벌 경영대상
	제51회 무역의 날 1억불 수출의 탑 수상
	제51회 무역의 날 산업통상자원부 장관 표창
2015	2015 한국자동차산업 경영대상
2016	제50회 납세자의 날 기획재정부 장관 표창
2018	과학기술정보통신부 장관상
	보건복지부 장관상
	안성상공회의소 창립 100주년 공로패 수상

코리아에프티주식회사

차량 내부 인테리어 부품을 생산하는 친환경 자동차 부품 전문 기업, 코리아에프티 안성 본사 전경.

코리아에프티(오원석 회장)는 자동차 연료 계통의 친환경 부품인 '카본 캐니스터'와 부품 경량화를 통한 연비 효율 증가에 효과적인 '플라스틱 필러넥', 국내 유일의 차량용 차양 장치 등 차량 내부 인테리어 부품을 생산하는 친환경 자동차 부품 전문 기업이다. 국내 5개 완성차 업체뿐 아니라 GM글로벌, 르노, 폭스바겐, 볼보, 스코다 등 해외 완성차 업체와 현대모비스, 글로비스 등 자동차 부품 전문 기업 등 안정적인 매출처 보유는 글로벌 기업의 면모를 확인시켜준다.

2007년 미국 발 글로벌 경제 위기, 2010년 그리스의 구제 금융 지원에서 촉발된 유럽 발 글로벌 경제 침체 등 최악의 위기 상황에서도 2007년 매출액 917억 원에서 2018년 연간 3,800억 원 이상을 올리는 중견기업으로 꾸준히 성장을 지속해왔다. 이처럼 글로벌 경제가 어려운 가운데 탁월한 경영 성과를 올릴 수 있었던 이유는 해외 생산 기지 구축, 끊임없는 기술 개발, 글로벌 완성차 업체로의 매출처 다각화 덕분이다.

해외 생산 기지를 구축하다

오 회장은 국내 자동차 시장의 크기와 한계를 명확히 파악해 글로벌 경영만이 회사의 성장을 가져다줄 수 있는 방안이라고 판단했다. 이에 국내는 R&D 기지로 해외법인은 생산 기지로 발전시켜 경쟁사를 뛰어넘는 안정적인 매출 성장성, 높은 수익성을 동시에 달성하는 글로벌 경영 전략을 수립했다. 2003년 자동차 신흥 시장인 중국을 시작으로 2006년 인도, 2007년 유럽 시장의 전진 기지인 폴란드, 2014년 슬로바키아에 생산 기지를 구축했다.

과감하게 시도한 글로벌 진출은 크게 성공해 해외법인의 매출은 해마다 증가하고 있다. 중국과 인도법인은 지속적인

코리아에프티는 해외법인을 생산 기지로 발전시켜 경쟁사를 뛰어넘는 안정적인 매출 성장성과 높은 수익성을 달성하는 글로벌 경영 전략을 수립했다. 시계 방향으로 중국법인, 슬로바키아법인, 폴란드법인, 인도법인 전경.

매출과 수익성 확대로 안정화 단계에 진입했으며, 후발 주자인 폴란드법인은 2015년부터 유럽 신차 물량 증대로 큰 폭의 매출 성장을 이어가고 있다. 2012년부터는 해외법인 매출이 국내 매출을 넘어섰고 향후에는 그 격차가 점점 더 벌어질 예정이다. 적극적인 해외 생산 기지 구축은 글로벌 경제 위기 상황에서도 연 매출 400억 원에 불과한 중소기업이 3,800억 원

이상을 올리는 중견기업으로 성장할 수 있었던 배경이다.

끊임없는 기술 개발

끊임없는 기술 개발도 코리아에프티가 국내 대표적인 친환경 자동차 부품 기업으로 성장할 수 있었던 원동력이다.

오원석 회장은 항상 직원들에게 "우리 회사는 일반 제조업체가 아닌 자동차 부품 개발의 엔지니어링 회사"라고 강조하고 연구 개발에 아낌없는 투자를 했다. 1996년 회사 설립 초기부터 부설 연구소를 설립해 운영하면서 관리직 총수의 3분의 1 이상에 해당하는 연구 개발 인력을 채용하고 매출의 10% 이상을 매년 R&D에 투자해 중소기업에서 보유하기 힘든 고가의 첨단 연구 설비도 갖췄다. 현재 지적재산권 99건을 보유 중으로 해외 및 국내 특허만 73건에 달한다.

코리아에프티는 기술 개발 실력을 인정받아 '블랙박스 기업'이라는 자랑스러운 훈장도 갖고 있다. 블랙박스 기업이란 제품의 설계부터 개발, 검증까지 모두 담당할 수 있는 기업을 말한다. 블랙박스 기업은 고객이 요구하는 품질을 만족할 수 있는 부품을 설계해야 하고 품질 만족 여부를 검증하기 위한 많은 시험 설비를 보유해야 할 뿐 아니라 품질을 보증해야 하기 때문에 높은 기술력이 요구된다. 따라서 블랙박스 기업은 완성차 업체의 신차 개발 단계부터 참여할 수 있다.

반면 대부분의 중소 자동차 부품사는 '화이트박스 기업'으로 완성차 업체에서 제품을 설계해 도면을 대여해주면 그 도면을 기준으로 단순히 생산만 할 수 있다. 코리아에프티는 친환경 관련 제품과 차량 경량화를 통한 에너지 절감형 제품을 개발한다는 원칙을 사업 초창기부터 수립했다. 당시 국내에서는 환경에 대한 관심이 낮았지만, 북미 지역과 유럽 국가들은 환경 법규를 강화하는 추세였기 때문이다.

코리아에프티가 이룩한 대표 성과가 바로 카본 캐니스터 국산화, 플라스틱 필러넥 개발이다. 먼저 카본 캐니스터는 자동차 연료 탱크 내에서 발생하는 증발 가스를 활성탄으로 흡착해 엔진 작동 시 엔진으로 환원시켜 연소시킴으로써 증발 가스가 외부에 유출되지 않도록 하는

카본 캐니스터는 연료 탱크 내에서 발생되는 증발 가스를 활성탄으로 흡착해 엔진 작동 시 엔진으로 환원시켜 연소되도록 하는 장치로서 대기 오염을 방지하는 친환경 자동차 부품이다.

자동차 부품이다. 흔히 주유소에서 아지랑이처럼 피어오르는 것을 볼 수 있는데, 이것이 바로 가솔린이 증발해 나오는 증발 가스VAPOR GAS다. 증발 가스는 광화학 스모그의 원인이 되는 공해 물질로서 각국마다 법규로 증발 가스 유출을 규제하고 있다. 이에 따라 카본 캐니스터는 각국의 환경 규제는 물론 자동차사마다 요구하는 사양을 모두 갖춰야 하는 등 진입 장벽이 매우 높은 제품이다.

코리아에프티가 국산화에 성공하기 전까지는 전량 수입에 의존할 수밖에 없었다. 그러나 코리아에프티가 카본 캐니스터 국산화에 성공함으로써 6억 달러의 수입 대체 효과를 가져왔고 국내 시장(점유율 79%) 1위를 차지했다. 환경 규제가 무척 까다로운 미국, 유럽 시장에 파고들어 세계 시장 점유율 4위(9%)를 기록했고 글로벌 자동차 시장의 새로운 트렌드인 하이브리드 자동차에 적용할 수 있는 가열 방식 하이브리드 캐니스터를 개발해 국내 특허를 취득했다. 현재 미국과 중국에도 특허를 출원해 국내 및 해외 특허를 확보, 이러한 기술력을 인정받아 2011년 현대자동차그룹으로부터 선행 개발 최우수 기업으로 선정되기도 했다.

필러넥은 자동차에 연료 주입 시, 주유구에서 연료 탱크까지 연료를 이송시키기 위한 유로 역할을 하는 부품이다. 코리아에프티가 플라스틱 필러넥을 개발하기 전까지만 해도 국내 자동차에는 전부 스틸로 만든 필러넥이 장착돼 있었다. 플라스틱 필러넥은 스틸 제품보다 가벼워서 차량의 연비를 향상시키며, 부식이 잘 되지 않아 환경 오염 문제를 덜어주었다. 소재부터 제조 공법까지 다른 기업이 범접할 수 없는 진입 장벽을 구축함으로써 국내 유일의 플라스틱 필러넥 생산 업체로 확고한 입지를 다졌다.

코리아에프티를 대표하는 또 다른 제품은 의장 부품 및 차양 장치다. 최근 차량의 고급화 전략에 따라 갈수록 그 중요성이 높아지는 의장 부품Interior Parts은 기능과 편의성뿐 아니라 제품 외관에 디자인 감각을 더해 소비자의 구매 욕구와 기호를 만족시켰다.

자동 차양 장치Auto Sunshade는 태양 광선을 차단해 탑승객의 편의성과 안락함을 더하는 부품으로 운전자의 프라이버시 보호 및 야간 운전

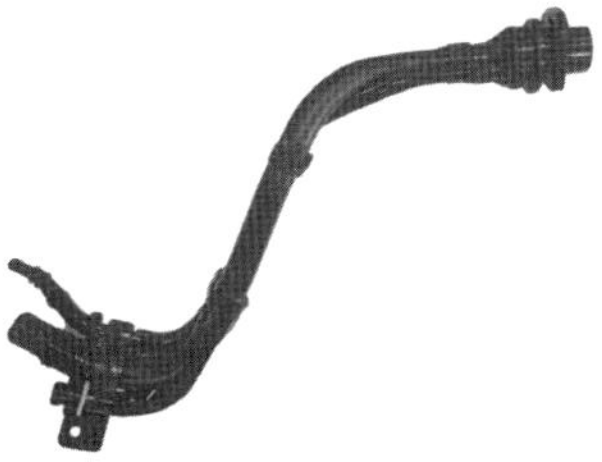

플라스틱 필러넥은 연료 주입구로부터 연료 탱크까지 연료를 안전하게 이송하기 위한 유로관으로 경량화를 통한 연비 효율이 뛰어나며 내부식성이 우수한 친환경 자동차 부품이다.

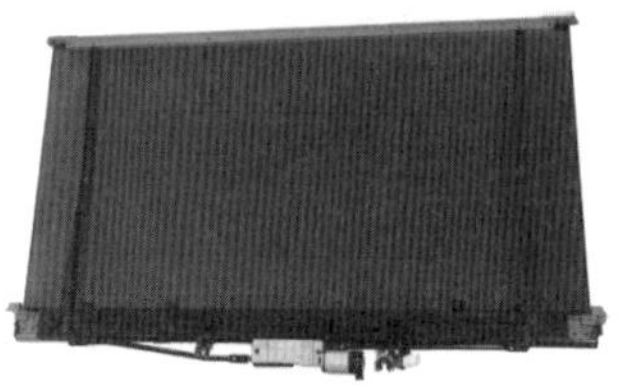

차양 장치는 태양광선을 차단해 탑승객의 편의성 및 안락함을 제공하고 프라이버시를 보호하는 자동차 부품이다.

의 안전성 확보를 돕는다. 얼마 전만 해도 국내 기업이 생산하지 못해 대부분 고가의 수입품에 의존했지만 코리아에프티가 2009년부터 본격적으로 우수한 성능과 가격 경쟁력을 겸비한 자동 차양 장치를 국내 최초로 개발하면서 국내 완성차 업체에 부품을 공급하고 있다. 현재 그랜저TG를 시작으로 K7, 제네시스 등까지 확대 공급하고 있다.

기술 개발과 품질 향상에 노력한 결과, 국내에서 경쟁사를 찾기 어려울 정도의 독보적인 지위를 확보했지만 오 회장은 더 큰 성장을 위해 세계 시장으로 진출했고 글로벌 자동차사로의 신규 거래처 다각화는 지속되고 있다.

2012년에는 지엠글로벌GM GLOBAL과 플라스틱 필러넥, 르노글로벌RENAULT GLOBAL과 카본 캐니스터 공급 계약을 체결했다. 2014년에는 르노닛산과 플라스틱 필러넥, 베이징자동차그룹BAIC과 의장 부품 공급 계약을 체결했다. 이어 2015년에는 폭스바겐 및 스코다와 의장 부품 공급 업체로 선정, 2016년에는 볼보 및 지엠글로벌의 카본 캐니스터 공급 업체로 선정,

2017년에는 볼보, 동풍르노, 르노닛산의 카본 캐니스터 공급 업체로 선정되는 등 전 품목 글로벌 수주에 성공하며 명실상부한 글로벌 자동차 부품 전문 업체로 성장했다. 2014년 무역의 날에는 '일억불 수출의 탑' 및 산업통상자원부 장관 표창을 수상하는 등 30여 년 동안 자동차 부품 사업 및 국가 경제 발전에 크게 기여하고 있다.

글로벌 완성차 업체로의 매출처 다각화

코리아에프티는 이미 글로벌 최고 수준의 기술력을 확보한 자동차 부품 회사로 도약했지만, 미래 시장을 선도하기 위해 또 다른 신기술을 개발하는 데 박차를 가하고 있다.

코리아에프티는 지금까지 추진하던 연료 계통 부품 사업에서 벗어나 점점 첨단화되어가는 자동차 산업에 발맞춰 무인자동차 등 차세대 스마트 카에 공통으로 들어갈 수 있는 머신 러닝 기반의 첨단 운전자 지원 시스템ADAS 소프트웨어 알고리즘을 개발하는 데 성공했다.

고양이가 사물을 인지하는 방식을 응용, 빅데이터로 학습시킨 5,000개가 넘는 보행자의 특이점을 우선순위에 따라 가

중치를 부여하는 방식의 알고리즘으로 60프레임 풀HD 해상도(1920×1080)를 기준으로 60분의 1초 순간에 약 200만 개 화소가 담긴 이미지상에 나온 보행자를 인식하며 악천후에서도 보행자를 감지할 수 있는 기술이다.

그동안 해왔던 연료 계통 제품 개발에서 한 단계 더 나아가 소프트웨어 개발이 필요하다는 판단에 따라 연구 개발에 착수, 내연 기관 차량은 물론 차세대 스마트 카까지 아우르는 제품 포트폴리오를 확장하며, 코리아에프티의 또 다른 성장 동력이 될 것으로 기대를 모으고 있다.

코리아에프티는 '보행자 감지 SW 알고리즘' 외에도 나날이 강화되는 환경 규제(증발 가스)에 대응하기 위해 기존 소재에 나노 클레이를 첨가한 나노 플라스틱 필러넥을 세계 최초로 개발하는 데 성공했다. 기술 혁신을 통해 가격 및 품질 경쟁력이 뛰어난 제품으로 2018년부터 시장에 공급하고 있다. 자동차 경량화(스틸 소재 대비 0.7kg 감소, 다층 구조 대비 0.3kg 감소) 및 기존 소재 대비 증발 가스 차단성이 약 12배 이상 우수해 향후 글로벌 시장 경쟁력을 확보하는 데 크게 기여할 것으로 예상하고 있다.

항상 탄탄대로를 달려온 것만 같은 코리아에프티도 몇 차

례의 위기가 있었다. 카본 캐니스터 부품의 국산화에 성공하면서 순항 일로에 있던 1990년, 코리아에프티에 첫 위기가 찾아왔다. 당시 매출 1,000억 원이 넘던 중견 업체가 카본 캐니스터의 카피 제품을 시장에 내놓은 것이다. 매출 60억 원에 불과한 코리아에프티는 중견 업체의 저가 물량 공세에 휘말려 매출의 절반이 감소했고 심각한 위기에 봉착했다.

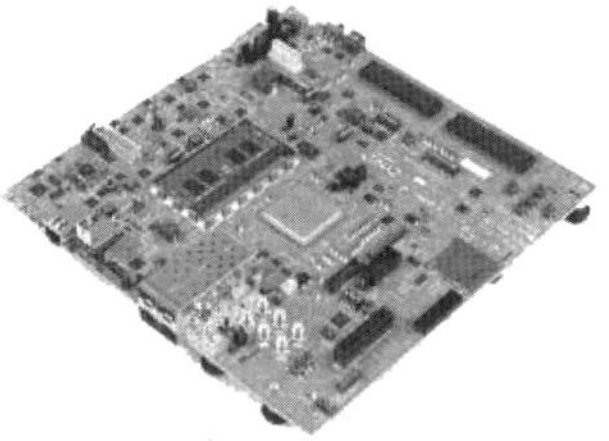

SKND FPGA는 운행 중 보행자를 검출해 정보를 제공하는 기능이 있다.

하지만 오원석 회장은 제품 가격을 낮춰 현실과 타협하는 대신, 고집스럽게 품질로 승부수를 띄웠다. 위기 상황을 정면 돌파하기로 결정한 배경에는 "품질 좋은 제품만이 시장에서 살아남을 수 있다"는 확고한 그의 지론 때문이다. 결국 경쟁사는 제품 출시 3년 만에 대형 품질 사고가 터졌고, 뚝심 있게 품질력으로 승부한 코리아에프티에 국내 완성차 업체들은 앞 다퉈 납품을 요청하게 되었다.

두 번째 위기가 찾아온 시기는 대기업도 줄줄이 도산하던 IMF 외환 위기 때였다. 국내에서 자금 유치가 어렵던 1999년, 이탈리아 토리노 상공회의소 초청으로 오원석 회장은 대한민

폴란드법인을 방문한 오원석 회장이 관계자들과 함께 진지하게 토론을 벌이고 있다.

국 자동차 부품 산업의 성장과 코리아에프티의 미래에 대해 강연했다. 마침 이 자리에 참석했던 이탈리아의 자동차 부품 대기업 에르곰ERGOM 회장 프란체스코 치미넬리Francesco Cimminelli는 큰 감명을 받았고, 외환 위기를 맞아 어려움을 겪고 있던 코리아에프티에 자금을 전격 지원하기로 했다.

해외 자금 유치에 성공한 코리아에프티는 이 자금을 연구개발과 생산 시설을 확충하는 데 고스란히 투자했고, 탄탄한 성장 기반을 구축하게 되었다. 그 결과 현재 세계 시장에서 유수의 자동차 부품사들과 어깨를 나란히 하며 경쟁하는 글로벌 기업으로 도약하게 되었다.

사람이 곧 경쟁력

이 같은 코리아에프티의 기술력과 성과는 모두 '사람'에게서 나온다. 1996년 설립한 이래 오원석 회장은 줄곧 "사람이 곧 경쟁력"이라고 강조해왔다. 그리고 《논어》에 나오는 '학이시습 품격고양學而時習 品格高揚'을 경영 철학으로 삼아왔다.

'학이시습'은 《논어》 첫머리에 나오는 말이다. 듣고, 보고, 알고, 깨닫고, 느끼는 것을 기회 있을 때마다 실제로 실행해보고 실험해본다는 뜻이다. 직접 몸으로 실천해봐야 배우고 듣고 느낀 것이 올바른 내 지식으로 체화될 수 있다는 것이다.

코리아에프티의 경우 외국에서 전량 수입하던 제품을 자체 개발을 통해 생산하고 있기에 외부에서 기술을 습득하거나 배우는 게 불가능했다. 따라서 회사에 필요한 인재를 내부 교육을 통해 인재를 양성함으로써 코리아에프티의 모든 직원은 회사 선배로부터 습득한 기술과 지식, 정보를 반복해 실행해보고 연습함으로써 자기 지식을 늘려왔다.

'품격고양'은 이렇게 모든 직원이 서로에게서 좋은 점을 흡수하고 나쁜 점을 개선해갈 때, 사람의 품격뿐 아니라 제품의 품격도 향상되고 발전할 수 있다는 것을 뜻한다.

오원석 회장은 기업의 사명과 책임을 다하기 위해 다양한 사회 공헌 활동에 주력하고 있다.

오원석 회장은 직원들과 함께 호흡하는 스킨십 경영으로 전문성을 갖춘 글로벌 인재 양성과 노사가 공존공영共存共榮하는 기업 문화 조성을 강도 높게 추구하고 있다. 특히 중소기업으로서 유능한 인재를 모으기 어렵게 되자 오원석 회장은 "대학을 졸업한 유능한 인재가 찾아오기만을 무작정 기다리지 말고 차라리 우리가 교육을 통해 유능한 인재를 양성하자"며 인식의 변화를 이끌었다. 이를 위해 고졸 사원을 적극 채용하고 직원들이 자신의 능력을 맘껏 펼칠 수 있도록 생산직에서 관리직으로의 이동이 가능하게 했다. 관리직 전환 이후에는 실적만으로 인사 평가를 실시해 모든 직원에게 공평

한 기회를 제공하는 인사 시스템을 구축했다. 현재 팀장의 약 30%는 고졸 출신이며, 임원으로 승진한 직원도 배출했다.

직원들의 이직율을 낮추고 만족도를 높이고자 복리 후생에도 힘쓰고 있다. 모든 직원에게 글로벌 마인드를 높이기 위해 임직원 대상의 영어, 중국어 등 외국어 교육 프로그램을 실시하고 있으며, 가족 친화 경영 개선안을 만들어 근로자의 직무 만족도를 높이는 데 노력하고 있다. 그 결과 2009년에는 고용노동부 장관으로부터 노사상생실천기업 인증서를 받는 등 선진 기업 문화를 만들어가고 있다.

한편 코리아에프티는 중견기업으로서 사회 공헌 활동에도 적극 나서고 있다. 오원석 회장은 현재 사단법인 평택·안성범죄피해자지원센터 이사장으로 활동하며 투철한 봉사 정신에 입각해 지역의 범죄 피해자 지원 활동 및 지역 봉사 활동에 이바지하고 있다. 현재 전국범죄피해자지원연합회 부회장으로도 활동하고 있다. 범죄 피해자의 취업 지원 및 피해자 중심의 고용 창출과 복지 향상을 도모하고 심리 및 미술 치료 효과를 볼 수 있는 사회적 기업 ㈜무지개공방을 2011년에 설립했다. 자본금 3억 원을 기부해 무지개공방을 설립하는 데 필요한 인적, 물적 네트워크 구축을 위해 지대한 공헌을 했다.

대표이사
유철

㈜카리스

경력

1997~1998	㈜중앙리빙샤시 상무이사
1998~2002	㈜삼성하이랜드 대표이사
2002~2009	㈜우리엘텍 대표이사
2016~현재	㈜카리스 대표이사

상훈

2018	2018 IRF Global R2T Conference & Expo Innovative product Award
	제10회 대한민국 중소 중견기업 혁신대상 산업통상부 장관상(기술 혁신 부문)
2019	IRF 장영실상(과학기술정보통신부 장관상)

CARIS RAIL CO.,
CARIS RAIL

철보다 강한 플라스틱으로 도로 시설물 시장 놀래킨 카리스

2015년 설립된 도로 교통안전 전문 기업 카리스는 사람과 환경, 경제를 모두 생각한 PVC 기술로 전 세계에서 주목받고 있다. 교통사고로 인한 사망자 수가 세계적으로 100만 명을 넘어서며 도로 안전을 개선하는 데 투자하는 비용 역시 매년 천문학적으로 증가하는 추세다. 카리스는 PVC 가드레일, 방음벽, 토류판을 개발해 안전한 선진 도로 문화를 주도하고 있다. 특히 카리스의 PVC 가드레일은 뛰어난 안전성과 경제성으로 가드레일 업계에서 '혁명'으로 통한다.

카리스는 헬라어로 '값없이 받은 은혜'를 뜻한다. 카리스라는 상호명은 유철 대표가 이 사업을 단순히 돈벌이 수단 이상으로 생각한다는 것을 보여준다. 유 대표를 포함한 전 임직원은 카리스라는 이름처럼 사람과 자연에 은혜가 되는 제품을 개발하는 것을 숙명으로 생각한다. 이 숙명을 완수하기 위해 카리스는 국제적으로 공신력 있는 다양한 실험을 수없이 거치며 제품 안전성을 입증하고 또 입증했다. 또한 카리스는 지금까지 쌓아온 기술력을 모두 특허로 등록해 고유의 가치를 보호받고 있다. 추후 후발 주자들이 카리스의 아성을 따라올

헬라어로 값없이 받은 은혜를 뜻하는 카리스라는 상호명은 유철 대표이사가 이 사업을 단순히 돈벌이 수단 이상으로 생각한다는 것을 보여준다.

수 없도록 만든 것이다. 이것이 카리스의 모든 임직원이 제품에 대한 자신감으로 가득 차 있는 이유다.

현재 카리스의 제품은 국내 여러 국도 및 레이싱 경기장에 설치돼 뛰어난 성능과 미관으로 그 가치를 인정받고 있다. 동남아시아 및 중앙아시아 등 여러 해외 국가에서도 카리스 제품에 러브 콜을 보내고 있다. 신흥국 도로 시장은 그 규모를 예측할 수 없을 만큼 방대하다. 앞으로 카리스가 어떤 규모의 기업으로 성장할지 또한 예단하기 어렵다.

10여 년간 수십 억 투자해 PVC 가드레일 개발

카리스 창업자인 유 대표는 오랜 시간 일명 '하이새시'라 불리는 창호 업계에 몸담고 있었다. 유리창이 창틀에서 빠지지 않도록 잡아주는 특허 기술을 개발해 제법 큰돈을 벌기도 했다. 하지만 후발 주자들이 유 대표의 기술을 모방하며 업계 경쟁이 치열해지자 다른 사업 아이템을 찾아 나섰다.

한참 사업 구상을 하며 운전을 하던 중 도로 위에 끝없이 이어진 가드레일을 보고 그의 눈이 반짝였다. '철제 가드레일을 PVC 소재로 바꾸면 어떨까?' 유철 대표의 뇌리를 강하게 스친 이 아이디어는 그를 새로운 사업의 길로 이끌었다.

하지만 제품 개발은 생각처럼 쉽지 않았다. 강한 강도와 PVC 특유의 탄성을 갖춘 것에 더해 자동차 배기가스를 잡을 수 있는 기능까지 추가한 가드레일을 만드는 것이 유 대표의 목표였다. 경영학 전공이던 유 대표는 화학 교과서를 펴놓고 소재를 하나하나 연구했다. 화학 소재만 연구한 것이 아니다. 목표하는 강도와 탄성을 완성하기 위해 배합에 넣어보지 않은 재료가 없다. 심지어 왕겨, 야자수 가루, 감자녹말 등 식자재까지 실험 대상이었다. 현재 카리스의 독보적 기술을 개발

카리스가드레일은 PVC 가드레일 특허를 등록, 2017년 상용화 및 추가적으로 PVC 가드레일 6종을 등록하며 해외 특허 협력 조약을 출원하는 등 기술적인 역량을 인정받았다.

하기까지 10여 년의 시간과 수십억 원의 돈이 투자됐다.

카리스는 PVC 소재로 만든 다양한 형태의 가드레일을 만든다. 기본형 가드레일부터 중앙 분리대형, 회전형, 디자인 펜스까지 도로 안전과 관련된 가드레일이라면 모두 카리스의 연구 대상이다.

철제 가드레일은 전 세계적으로 가장 널리 쓰이고 있지만 사고 시 철제 절단면이 차량을 뚫고 들어와 2차 인명 피해를 초래할 수 있다는 치명적인 단점이 있다. PVC 가드레일은 단면이 도톰하고 라운드 형태로 처리돼 있어 잔해가 차량을 통과하지 못한다.

충격 흡수성 또한 뛰어나다. 카리스의 PVC 가드레일은 교통안전공단의 차량 충돌 시험 테스트를 우수한 성적으로 통과했다. 충격 흡수의 비결은 가드레일 안쪽 갈빗대 구조에 있다. 차량이 가드레일에 부딪히면 가드레일 내부의 갈빗대 구조가 부러지며 충격을 흡수하므로 차량 탑승자의 부상을 최소화할 수 있다.

일반 철제 가드레일이 4*m*(1경간)당 약 80*kg*(1*m*= 21*kg*)인 반면, 카리스의 PVC 가드레일은 4*m*당 32*kg*(1*m*=8*kg*)으로 성인 남성이 혼자서도 충분히 들어 올릴 수 있어 시공 및 보수가 용이하다. 원가도 철제와 비교하면 저렴해 전체적인 설치비용이 현저히 줄어든다.

PVC 소재 특성상 녹이 슬지 않아 유지 보수도 용이하다. 철제 가드레일의 경우 녹이 슬고 부식이 되므로 안전 및 미관상의 이유로 설치 후 지속적인 관리가 필요하다. 반면 PVC 가드레일은 반영구적으로 사용할 수 있으며 사후 관리 비용이 거의 발생하지 않는다. 한국화학융합시험연구원KRT에 의뢰해 중성 염수 분무 시험을 한 결과, 카리스의 PVC 가드레일은 변색 및 녹 발생이 없었다.

카리스 PVC 가드레일은 다양한 색상으로 생산 가능하다. 자동차 외장재에 들어가는 특수 물질을 추가해 햇빛에 오래 노출되거나 시간이 흘러도 변색이 없다. 주문자가 원하는 색상은 무엇이든 구현 가능하다. 주변 환경과 어울리는 산뜻한

카리스는 PVC 소재에 축광 물질을 배합해 자체적으로 빛을 발산하도록 했다. 야간에도 가드레일이 은은한 빛을 발하며 위험 구간을 알려줘 도로 안전이 한층 더 보장된다.

색상의 가드레일은 도시 미관을 살리는 데도 도움이 된다.

카리스는 PVC 소재에 축광 물질을 배합해 자체적으로 빛을 발산하도록 했다. 자연광태양광 또는 인조광을 받으면 스스로 빛 에너지를 저장해 다시 내뿜는 원리다. 야간에도 가드레일이 은은한 빛을 발하며 위험 구간을 알려줘 도로 안전이 한층 더 보장된다.

카리스의 PVC 가드레일은 미세 먼지를 저감시키는 효과로도 지방자치단체 등 고객의 주목을 받고 있다. 미세 먼지의 주범이자 자동차 배기가스에 포함된 질소산화물NOX을 흡착, 분해하는 광촉매를 PVC 원료에 배합한 것이다. 광촉매를 포장도로 위나 건물 벽체에 뿌리는 기법은 지금도 사용된다. 하지만 이러한 방식으로 도포한 광촉매는 자동차 바퀴나 비바람에 쓸려가 버리므로 큰 효과를 거두지 못한다.

카리스는 광촉매를 PVC 원료에 섞어 배합하기 때문에 광촉매가 반영구적으로 NOX를 분해하는 역할을 한다. 한국건설생활환경시험연구원KCL의 실험에 따르면, 밀폐된 공간에 NOX와 PVC 가드레일을 놓아두자 48시간 뒤 공기 중 NOX 농도가 대폭 줄었다.

대규모 상업 시설이나 공업 지역, 도로에서 발생하는 소음은 사회적 갈등의 원인이다. 그래서 방음벽, 저소음 포장재 등 소음을 차단하기 위한 다양한 시도를 하고 있다. 카리스가 개발한 PVC 방음벽은 차음과 흡음 성능이 매우 뛰어나고 모듈 방식이라 시공 역시 편리해 설치비용이 절감된다.

PVC 방음벽은 기존 알루미늄판과 다르게 충격에 강하며 변형 및 변성도 없다. 가드레일과 마찬가지로 다양한 색상으로 제작 가능하며 시간이 지나도 변색이 되지 않아 도시 미관에도 도움 된다.

카리스는 PVC로 토류판도 만든다. 토류판은 토목 공사할 때 토사 붕괴를 차단함으로써 안전사고를 예방하는 시설물이다. 건축 공사 시 지하 터파기로 인한 인근 지반 붕괴를 방지하는 용도로도 쓰인다. 재질 특징상 내부 부패가 없고 자중 감소 효과가 있어 공사 안전성이 높아진다. 무엇보다 내부 공간이 허니콤honeycomb 구조로 이뤄져 토사압을 충분히 견딜 수 있는 내압성을 확보했다.

혁신적 기술로 국내 시장 선도

카리스는 공신력 있는 기관에서 시행하는 다양한 제품 검증 과정을 거쳐 독보적인 PVC 기술을 인정받고 있다.

아무리 좋은 기술을 보유하고 있어도 후발 주자들이 그 기술을 따라하게 되면 시장 경쟁이 치열해져서 사업 초반의 경쟁력을 잃어버리기 쉽다. 카리스는 그동안 쌓아온 기술을 모두 특허로 등록해 고유의 기술력을 법적으로 보호받고 있다. 또한 국내외 공신력 있는 다양한 상을 받으며 보유 기술의 가치를 더욱 널리 알리고도 있다.

카리스는 특히 재활용이 가능한 레진Resin PVC 제작 기술을 보유하고 있다. 이 기술은 제조 공장에서 발생한 폐기물 및 폐자원을 원자재로 사용 가능한 PVC 소재로 바꾸는 기술이다. 레진 PVC는 제조 공정 중 불량이 발생해도 다시 분쇄해 95%가량 재사용할 수 있다. 분쇄된 원료도 원재료와 같은 성능을 낼 수 있어 환경 오염과 자원 고갈 문제를 줄일 수 있다. 폐기물을 재활용하면 주원료를 배합하는 것보다 전력도 적게 소모된다.

세계 최초로 철제 가드레일을 대체할 수 있는 플라스틱 가드레일을 만든 카리스는 혁신적인 기술로 인정받고 있다. 2017년 일산 킨텍스에서 열린 코리아 나라장터 엑스포에 참가해 가드레일, 방음벽, 토류판 외 여러 품목을 선보였고 이후 다양한 교통안전 박람회에 꾸준히 참석하며 지방자치단체의 폭발적인 관심을 받고 있다. 2018년부터 본격적으로 판매되기 시작한 카리스 가드레일은 4월 전라남도 여수시, 5월 강화 리조트 루지 트랙, 7월 경기도 화성시 해안 도로, 10월 포천 레이싱 경기장, 12월 전라남도 송단 저수지 등에 설치됐다.

카리스 PVC 가드레일의 성능을 증명한 유명한 일화가 있다. 국내 한 레이싱 경기장 임시 오픈free open 때 안전성 검사 차원에서 트랙을 돌던 차량이 브레이크 고장으로 인해 시속 190㎞의 속도로 가드레일을 정면으로 부딪친 일이 있었다. 관제탑

최고의 장점인 안전성을 갖춘 플라스틱 가드레일은 리브 구조라고 불리는 충격 흡수 구조로 만들어져서 충돌로 인한 충격은 흡수하고 절단면에 의한 부상 위험도 없다.

에서 상황을 지켜보던 관계자들은 운전자의 사망을 예감했다. 하지만 모두의 예상을 깨고 차량은 앞쪽만 찌그러져 있었으며, 운전자는 스스로 걸어 나왔다. 이때부터 카리스의 PVC 가드레일은 '사람을 살리는 가드레일'이라는 별명을 얻었다.

이 일화가 레이싱 업계에 전해지며 레이싱 경기장에서 주문 제작 문의가 빗발치고 있다. 2019년 제주도 무동력 레이싱 경기장(오픈 예정)에 신제품인 개방형 가드레일이 설치되었다.

카리스는 녹색 인증, K마크 인증을 받았고 2019년 장영실상(기술 혁신상) 등 국내 공신력 있는 상과 인증 마크를 다수 얻으며 기업 신뢰도를 쌓아가고 있다.

PVC 방음판도 인기가 좋다. 충청북도 청주시에 방음판을 설치한 후 그 우수성이 알려지며 2018년 12월에는 한국도로공사 남해고속도로(진주~마산 고속국도 방음벽 공사)에 납품했고 경부고속도로에도 납품 예정이다.

미국·유럽·아시아 각국서 호평

카리스의 PVC 가드레일은 국내뿐 아니라 전 세계적으로 효력이 있는 특허를 보유하고 있다. 한 국제 도로 공사 전문가는 카리스의 제품을 두고 "21세기 최고의 도로 공사 아이템"이라고 극찬했다.

카리스는 글로벌 기업으로 발돋움하기 위해 해외 사업에 적극적으로 자원을 투입하고 있다. 규모가 큰 해외 영업은 대표이사가 직접 나서서 고객사와 협의한다. 사업 확대를 위해 해외 파트너를 공격적으로 물색하고도 있다. 2019년 5월 현재 필리핀, 인도네시아, 일본, 베트남, 우즈베키스탄, 몽골, 카자흐

카리스는 글로벌 기업으로 발돋움하기 위해 해외 사업에 자원을 적극 투입하고 있다. 2019년 5월 현재 15개국의 사업 파트너를 확보하고 있다.

스탄, 스페인, 태국, UAE, 이집트, 말레이시아, 오스트레일리아, 뉴질랜드, 브라질 등에 사업 파트너를 확보하고 있다.

카리스 PVC 가드레일은 2018년 하반기 미국주도로및교통행정관협회AASHTO에서 주관하는 충돌 시험 'MASH TL 2' 인증 및 유럽 충돌 시험 '탑승자 안전도 평가EN-1317-2N2' 인증을 확보해 도로 관련 부처의 이목을 끈 적이 있다. 국제도로연맹IRF으로부터 혁신 제품상IRF Industry Innovation Award을 수상하기도 했다. 또한 2019년 1월 미국교통안전협회ATTSA 주최 전시회에서는 경쟁사인 철제 가드레일 업체들로부터 협력 제안을 받기도 했다.

카리스는 PVC 가드레일이 해외 대규모 레이싱 경기장에도 설치될 수 있도록 홍보 마케팅을 진행하고 있다.

카리스는 동아시아에서도 맹활약 중이다. 필리핀 국토교통부DPWH의 승인을 받아 필리핀 세부 산타페 시장과 납품 계약을 체결했으며 필리핀 최대 그룹인 산미구엘과도 수출 계약을 체결할 예정이다.

인도네시아에서는 웨스트 자바주 지방 도로, 산업 단지 민자 도로 납품 및 합작 공장 설립을 추진하고 있다. 태국에서는 르이주에 3단 가드레일을 설치했고, 일본 나고야 지역에 시범 설치가 확정됐다.

베트남에서도 합작 생산 법인 설립을 진행 중이다. 공장 설립 후 베트남 교통부의 지원하에 플라스틱 가드레일을 베트남 현지에 설치할 예정이다. 베트남의 전체 도로망은 10만㎞ 규모이며 카리스는 1차적으로 종단 고속도로 1,000㎞ 구간에 제품을 납품할 계획이다.

중앙아시아에서도 카리스 제품은 인기다. 2019년 3월 우즈베키스탄 국영 도로 공사와 합작 생산 법인을 설립하기로 계약했다. 우즈베키스탄 전역의 도로망은 약 18만 3,000㎞다. 인

PVC 방음벽은 기존 알루미늄판과 다르게 충격에 강하며 변형 및 변성도 없다. 가드레일처럼 다양한 색상으로 제작 가능하며 시간이 지나도 변색이 되지 않아 도시 미관에도 도움 된다.

근 국가인 카자흐스탄, 키르기스스탄 등 중앙아시아 전역으로도 시장을 확장할 계획이다.

이러한 확장의 시작으로 우즈베키스탄의 수도인 타슈켄트 시내의 대통령 전용 도로 가드레일 설치 공사를 수주했다. 타슈켄트 시내의 도로 보수 및 건설 공사 계약 수주도 마지막 단계를 밟고 있다. 또한 우즈베키스탄의 인근 국가인 카락칼파크스탄에는 3억 6,000만 달러 규모의 시멘트와 가드레일 합작 공장을 설립할 예정이다.

중앙아시아의 최대 시장인 인도도 빼놓을 수 없다. 카리스는 거대한 인도 시장 진출을 위해 현지 가드레일 업체와의 합작 생산을 추진 중이며, 2019년 상반기 중에 현지 업체를 선정해 2020년 내에 인도 현지 합작 공장을 가동할 계획이다. 2019년 5월 현재 오스트레일리아 대기업과도 계약을 진행하고 있다.

카리스의 비전은 사람과 자연 그리고 경제를 살리는 도로를 만드는 것이다. 이 비전을 실천할 수 있는 길은 기술에 있다는 것을 임직원 모두 깊이 인식하고 있다. 카리스의 목표는 가드레일 제품과 부속품 일체를 플라스틱화해 녹과 부식에서 완전히 자유롭고, 반영구적으로 사용 가능한 제품을 만드는 것이다. 카리스는 지금의 기술에 만족하지 않고 더욱 나은 제품을 만들고자 연구에 매진 중이다. 카리스는 국내뿐 아니라 동남아시아, 중앙아시아 등 아직 도로 문화가 미비한 국가에 제품을 공급해 국제적으로 입지를 다져나갈 예정이다.

전력수급경보단계
영 동
O/H /-
323
O/H /-
314
설비용량
10,351 MW
종합출력
5,969 MW
이 용 률
총매출액
0.8
1 / 0
기획처장
안전품질

사장
유향열

KOEN 한국남동발전

한국남동발전

학력

1976	공주대학교사범대학부설고등학교 졸업
1984	서울시립대학교 행정학과 졸업
1999	헬싱키경제대학원 UM-MBA
2002	연세대학교 국제경영대학원 CEO과정 수료

경력

2008~2009	한국전력공사 아주사업처 사업운영팀장
2009~2012	한국전력공사 충남본부 당진지사장
2012~2013	한국전력공사 해외사업운영처장
2013~2015	한국전력공사 필리핀일리한 현지법인장
2015~2017	한국전력공사 해외부사장
2018~현재	한국남동발전 사장

KOEN
한국남동발전

'석탄화력발전의 위기', 새로운 리더십에서 해답을 찾다

현재 국내 발전산업의 패러다임은 정부의 에너지 3020 정책과 친환경 에너지정책에 따라 LNG가스발전과 신재생에너지로 급속하게 전환하고 있다. 이런 가운데 전원의 90%가량이 석탄화력발전으로 구성된 남동발전으로선 최대 위기를 겪고 있다. 실제 제8차 전력수급계획에 따라 남동발전의 삼천포 1, 2호기는 2019년 폐지 예정이며, 영동 2호기도 폐지 후 연료 전환공사를 진행 중이다.

이 같은 전례 없는 석탄화력발전의 위기 속에서 남동발전은 외부 환경변화에 따른 충격을 최소화하고 지속가능한 기업으로서 면모를 갖춰야 하는 중대한 기로에 서 있다.

이런 가운데 유향열 사장은 현재 남동발전이 처한 위기를 극복하고, 새로운 미래 먹거리 창출에 기여할 수 있는 적임자로 평가받고 있다. 유 사장은 한전에서 해외사업운영처장, 필리핀현지법인장 등을 거쳐 해외부사장을 역임한 전력분야 해외사업의 전문가이다. 유향열 사장은 2018년 2월 취임 이후 신재생·신사업에 대한 투자와 함께 해외사업에 대한 투자를 대폭 확대하고 있으며, 이를 위해 조직과 인력규모를 확대하

유향열 사장은 직원 간 끈끈한 유대를 중시하며, 직원들과 지속적으로 소통하기 위해 노력하고 있다.

고, 사업을 제대로 검토 및 수행할 수 있는 조직의 역량을 키우는 데 주력하고 있다.

유향열 사장은 특유의 형님 리더십으로 사랑 가득한 조직, 직원 간 끈끈한 유대를 강조한다. 그가 한전 재직 시절부터 부하직원들에게 두터운 신망을 얻은 것은, 격의 없고 부드러운 성품을 바탕으로 한 특유의 리더십이 작용했기 때문이다.

그는 조직구성원의 역량을 한 방향으로 모을 수 있는 구심점이 바로 '사랑'이라고 거듭 강조한다. 모든 조직원이 서로를 배려하는 가운데 상대방의 의견을 존중하고, 사랑으로 뭉치는 것이야말로 동요 없이 위기를 이겨낼 수 있는 원동력이라는 것이다. 이 일환으로 그는 취임 즉시 전 사업소를 순회하면서 직접 직원들을 만났고, 직원들과의 소통을 이어왔다. 또한 직원과의 점심 간담회를 통해 수시로 구성원들의 목소리를 경청하려는 노력을 기울이고 있다.

이는 즐겁게 일하는 조직을 통해 단단한 팀워크로 뭉쳐 전력산업의 패러다임 변화에 마주한 위기를 이겨내겠다는 의지의 표현이다.

안전한 일터를 최우선으로 삼다

유향열 사장은 취임 초부터 안전한 일터 조성의 중요성을 강조해왔다. 유 사장은 2018년 6월 KOEN형 재난안전경영시스템KDSMS, KOEN Disaster Safety Management System을 구축했다. 이는 재난관리, 안전경영, 공정안전관리, 화학물질관리를 통합하는 전산시스템이다. 재난 및 안전관리 업무를 전산화해 실시간 재난안전관리와 정보공유가 가능하며 성과 모니터링을 통한 취약점 분석 및 개선으로 자율 안전실천을 유도하고 있다.

2019년 초에는 'KOEN New Start-Up Safety'라는 슬로건으로 "안전관심", "안전실천", "안전지속"이라는 3가지 기본원

'KOEN New Start Up Safety' 선포를 통해 안전사고 없는 일터를 조성하겠다는 강력한 의지를 표명했다.

칙 아래 안전제도 강화 7개 분야와 안전의식 개혁 4개 분야의 개선 방안을 수립해 선포했다. 유향열 사장은 '안전이 확보되지 않은 상태에서는 일하지 않는다'는 자세로 업무에 임할 것을 임직원들에게 당부했으며, 단 한 건의 안전사고도 용납하지 않겠다는 강력한 의지를 표명했다.

구호에만 그치지 않는 솔선수범의 안전경영을 실천하기 위해, 유 사장은 현장을 직접 방문해 설비 및 공사 현장의 안전관리상태를 점검하는 등 현장안전경영활동을 시행했다. 또한 진정한 의미의 안전한 작업환경을 조성하기 위해서는 안전경영의 범위를 남동발전에만 국한하는 것이 아니라 협력사로 확장해야 함을 강조했다. 이에 협력회사와의 안전간담회를 실시해 협력사의 의견을 적극 수렴하고 안전관리 우수사례를 공유했다.

직원들의 안전과 행복을 최우선하는 유향열 사장의 리더십은 직원들이야말로 회사의 가장 소중한 자산이라는 그의 신념에서 비롯된 것이다. 유향열 사장은 취임 이후 지금까지 꾸준히 '출근하고 싶은 일터 구현', '회사와 직원이 함께 성장하는 회사'라는 경영방침을 굳건히 지켜오고 있다.

변화와 도전을 두려워하지 않는 혁신적 리더

유향열 사장이 즐겨 인용하는 문구가 있다. 바로 제너럴일렉트릭의 CEO였던 잭 웰치의 "외부의 환경변화 속도에 내부의 변화가 따라가지 못한다면 그 회사는 도태되고 만다"이다. 위기의 상황일수록 안정적인 길을 찾기보다는 변화와 도전에 앞장서겠다는 의지를 나타낸 것이다.

그동안 석탄발전사업을 핵심사업으로 남동발전은 안정적인 Cash Cow를 가져갔으나 정부의 에너지정책으로 인해 더 이상 석탄화력발전을 통한 지속적인 경영성과를 기대하기 어려운 상황이다.

이에 유향열 사장은 에너지전환시대에 끌려가는 것이 아닌 과감하게 에너지전환시대를 이끌어가겠다는 의지를 드러내고 있다.

이 일환으로 유 사장은 정부가 환경급전에 대한 정책을 구체화하기 전에 스스로 환경배출기준을 낮춰나갈 계획이다. 이를 위해 환경설비 개선 시기를 앞당기고, 환경설비에 대한 R&D투자도 과감히 시행해나간다는 방침이다. 또한 폐지가 예정된 발전설비에 대해서는 대체설비를 확충할 수 있도록 다각도로 노력할 뜻을 밝혔다. 특히 신재생·신사업에 대한 투자와 더불어 전력분야 해외사업의 전문가로서 해외사업에 대한 투자를 확대함으로써 에너지전환을 이끌어가겠다는 구상이다.

이에 남동발전은 '신재생에너지 3025 정책' 달성을 목표로 신재생에너지사업을 추진 중에 있다. 이를 달성하기 위해 유향열 사장은 완도, 신안 등 서남해안 해상풍력 3GW 개발 프로젝트를 추진하고 있으며, 문재인 대통령의 베트남 방문 당시 경제사절단으로 동행해 베트남 전력공사와 에너지저장장

문재인 대통령, 성윤모 산업통상자원부 장관 등이 참석한 가운데 국내 최대 규모의 군산 수상태양광 준공식을 성공적으로 치렀다.

치를 연계한 3MW급 해상풍력발전 실증단지 조성을 위한 협약을 체결했다. 이는 좁은 국토의 한계로 인해 자칫 신재생에너지사업 확대에 대한 어려움이 예상되는 부분을 해외로 눈을 돌림으로써 적극적으로 해결책을 찾았다는 업계평가를 얻고 있다.

또한 지자체와 공공기관 협업을 통한 대용량 수상태양광사업을 선점하기 위해 전북도·군산시와 협업으로 국내 최대 규모의 군산 수상태양광을 2018년 10월 성공적으로 준공했다. 전라남도 고흥군의 고흥호 수상태양광 사업에도 본격 돌입할 계획이다.

이외에도 남동발전은 2015년 국내 최초로 풍력발전 연계 ESS설비(영흥풍력단지)를 도입한 이래, 2016년에 풍력을 연계한 ESS 보급을 확대하고, 2018년 3월에는 국내 최초 석탄회처리장에 설치된 태양광발전설비와 연계한 ESS를 준공하는 등 ESS보급 확산의 선두주자로 자리 잡았다.

남동발전은 특정 단위지역에서 전력생산과 소비가 함께 이뤄지도록 신재생 분산전원 및 ESS로 구성된 마이크로그리드 사업을 추진 중이다.

유향열 사장은 이처럼 신재생에너지 기반의 수익공유형 마이크로그리드, 조류발전 등의 미래성장 비즈니스 모델을 발굴하는 것이 미래전력산업의 나아갈 길이라고 확신하고 있다.

이처럼 남동발전의 전문성이 녹아 있는 신재생에너지사업 외에도 유향열 사장 특유의 전문성을 활용해 해외발전사업 개발에도 적극 나설 방침이다.

이에 남동발전은 현재 인도네시아 SPC 설립으로 인도네시아 전력 시장 진출을 위한 교두보를 마련했고, 해외사업 확장을 위한 베트남 전략국가 추가선정 및 사업 개발역량을 집중하기 위한 단단한 파트너십을 구축하고 있다. 또한 칠레 태양

쿠웨이트 수전력부와의 에너지분야 협력 MOU 체결.

광 사업개발 및 중남미 신재생에너지 시장기반을 최근 조성했으며, 해외신재생 사업의 신속하고 안정적인 추진을 위한 기반을 구축해나가고 있다. 이 같은 성과들은 해외사업분야 전문성을 가진 유향열 사장의 노하우와 식견이 녹아들었기에 가능했다.

전력산업을 선도하는 에너지공기업 '한국남동발전'

한국남동발전은 정부의 전력산업구조개편정책에 따라 2001년 4월 2일 한국전력공사에서 발전 부문이 분리되어 출범하게 된 발전 전문 회사다. 2014년 경남 진주시로 본사를 이전했으며, 삼천포발전본부, 영흥발전본부, 분당발전본부, 여수발전본부, 영동에코발전본부 등 5개의 발전본부로 구성되어 있다. 종업원은 2019년 1월 기준 2,500명이다.

남동발전은 2017년 화력발전사 중 국내 최초로 총시설용량 1만*MW* 시대를 열었다. 2019년 1월 현재 총 1만 377*MW*의 설비용량을 보유하고 있다. 남동발전은 혁신활동과 끊임없는 노력을 통해 흑자경영의 토대를 구축하고 있다. 특히 2018년에는 연료비상승, 노후화력발전기 가동중단 등 대내외적 여건의 어려움 속에서도 경영자정보시스템을 기반으로 재무성과 창출을 위한 고강도 자구노력을 펼친 끝에 매출 5조 5,000억 원, 당기순이익 250억 원을 달성했다.

발전설비 신뢰도 역시 국내 최고수준으로, 장·단기 고장분석을 통해 발전기 생애주기별 정비포트폴리오를 정립해 고장예방활동을 시행하고 있다. 생애주기별 설비관리를 통해 신규설비 및 보일러튜브로 인한 고장을 근절했으며, 설비 외적요인으로 인한 신규 고장유형에 적극 대응하고 중대고장을 예방하고 있다.

또한 공공기관으로서 사회적 책임을 완수하기 위해 양질의

공공기관 우수협력사 콘서트를 개최해 구직자들에게는 일자리 탐색의 기회를, 협력사에게는 우수한 인재를 유치할 수 있는 기회를 제공했다.

일자리 창출, 지역사회 공헌에도 앞장서고 있다. 민간 일자리 창출을 위한 'KOEN 드림 Job 프로젝트'를 통해 사회적 취약 계층의 경제적 자립 및 동등 기회 부여를 위한 다양한 사회공헌형 일자리 창출 사업을 시행해, 2018년에는 9,926개의 신규 일자리를 창출했다.

본사가 이전한 경남지역 경제활성화를 위해 진주지역에 1조 1,100억 원을 투입해 지역 대학과 연구소, 중소기업, 지자체와 협업으로 발전산업 신기술 개발에 기여하는 '남가람 에코파워토피아 프로젝트'를 진행하고 있으며, '함께하는 사람,

따뜻한 사회'의 슬로건으로 대학생 봉사단을 구성해 임직원들과 함께 국내외 다양한 공헌활동을 펼치고 있다.

이 같은 성과를 인정받아 남동발전은 2018년 공공기관 정부혁신 실적평가에서 123개 공공기관 중 단독 1위 기관으로 선정되어 대통령 표창을 수상했으며, 창조경영대상 일자리창출 기업부문 대상, 2018 사랑나눔 사회공헌대상에서 산업통상자원부 장관상을 수상하는 등 다양한 대외 수상의 실적을 거뒀다.

"외부의 환경변화 속도에
내부의 변화가 따라가지 못한다면
그 회사는 도태되고 만다."

총장

윤미란

백석예술대학교

학력

1978 이화여자대학교 사범대학 졸업

1984 이화여자대학교 대학원 문학 석사

1998 단국대학교 대학원 교육학 박사

경력

2012 백석예술대학교 대학총괄부총장

현재 백석예술대학교 총장

학교법인 백석대학교 이사

백석예술대학교

개성과 실력을 갖춘 창조적 백석 예술인 양성

'백석예술대학교로 오면 사람이 새로워집니다'.

백석예술대학교가 자신 있게 내건 슬로건이다. '사람이 새로워진다'는 문구에는 대학 교육이 단순히 지식을 채우는 것에 국한되지 않고 전인적인 변화를 이끌어내야 함을 나타내고 있다. 서울특별시 서초구 방배동 지하철 2호선 방배(백석예술대)역에 위치한 백석예술대학교(총장 윤미란)는 2008년 교육과학기술부로부터 대학 인가를 받은 후 문화 예술 및 서비스 산업 전문 인재 양성에 매진하는 대학으로 단기간에 성장을 거듭하고 있으며, 기독교 신앙을 바탕으로 백석만의 '인성'을 갖춘 글로벌 기독교 인재를 양성하고 있다.

현재 백석예술대학교는 총 10개 학부과를 운영하고 있으며 7,000여 명의 재학생이 수준 높은 지성과 함께 바른 인격을 갖춘 '백석 예술인'으로 성장하고 있다.

기독교 신앙을 바탕으로 백석만의 인성을 갖춘 글로벌 기독교 인재를 양성하고 있는 백석예술대학교 예술동.

글로벌 인재 양성을 위한 해외 대학과 활발한 MOU

바른 인성 교육과 실무 중심의 현장 경험으로 인성과 실력을 겸비한 백석예술대학교 졸업생들은 국내 기업들로부터 많은 호평을 받고 있다. 백석예술대학교는 하계 방학을 이용, 해외 문화 연수와 싱가포르, 일본, 중국에서의 어학연수 프로그램을 제공하면서 글로벌 인재 양성을 위해 힘쓰고 있으며 이를 통해 그 영역을 해외로까지 펼쳐가고 있다. 2011년 미국 먼로 대학과 학점 인정 교류 체결을 시작으로 2014년 버클리음악 대학, 2015년 톈진외국어대학, 2016년 화남이공대학 등과 잇달아 MOU를 체결했다.

중국 광저우에 위치한 화남이공대학은 아시아태평양 대학 순위 100위 안에 있고 중국 화남 지역 이공계 대학교 순위 1위를 차지하고 있는 대학으로 2016년 백석예술대학교와 협약이 성사된 직후 화남이공대학의 초청으로 백석예술대학교 공연 팀이 방문해 음악 공연을 열었으며 2017년에는 백석예술대학 학생을 포함한 전 세계 학생들이 참가하는 'Summer Camp'도 함께했다. 양 대학은 앞으로도 상호 학점 취득 및 장학금 지원 등 폭넓은 교류 협력을 펼쳐갈 예정이다.

2018년 6월 백석예술대학교 공연단이 톈진외국어대학에 방문해 유학생들과 톈진 교민을 위한 공연을 성황리에 마쳤다.

톈진외국어대학의 경우 2017년부터 관광경영학과 및 한어국제교육학과에 편입하는 백석예술대학교 출신 학생 26명에게 전액 장학금을 지급하기도 했고 2018년 6월에는 백석예술대학교 공연단이 톈진외국어대학에 방문해 유학생들과 톈진 교민을 위한 공연을 성황리에 마친 바 있다.

일본 도쿄에 위치한 쇼비뮤직컬리지와는 2018년 MOU를 체결한 이후 쇼비뮤직컬리지 입학 설명회, 음악학부 학생들로 구성된 일본 전공 연수, 실용음악 전공 졸업 작품 상호 교환 등 발전적인 교류를 활발히 진행하고 있다.

실용음악 중심으로 인기학과 밀집

백석예술대학교를 대표하는 전공은 실용음악이다. 백석예술대학교는 실용음악 전공이 설치된 대학 중 단연 최고로 꼽힌다. 2019학년도 수시 1차 모집 실용음악 보컬 전공은 114.39 대 1로 가장 높은 경쟁률을 보였다. 그 외에 뮤직테크놀로지, 작편곡, 건반, 기타, 싱어송라이터 등 다수의 세부 전공에서 높은 경쟁률을 보여 실용음악 전공의 인기를 가늠해볼 수 있다. 시대가 요구하는 전문 실용음악인의 양성을 위해 대중음악의 학문적 체계화와 첨단 장비를 사용한 실무 실습 확대로 미래의 예술가와 음악 교육인 양성을 위해 힘쓰고 있다. 실용음악 전공이 속한 음악학부 안에는 실용음악을 비롯해 클래식음악, 한국음악, 교회실용음악 전공이 개설돼 있다.

2019학년도부터 새로 개설된 연기 전공은 현재 활발히 연기 활동 중인 현역 교수진들이 다수 포진되어 연기자가 되기 위해 기본적으로 갖춰야 할 인성과 덕목, 배우로서의 기량을 체계적이고 활용성 있는 커리큘럼 안에서 교육한다. 2019학년도 수시 1차 모집에서 38.84 대 1의 경쟁률을 기록하면서 연기 전공에 대한 높은 관심을 확인할 수 있었다. 연기 전공

실용음악 전공 정기 공연 모습.

이 속한 공연예술학부 안에는 뮤지컬, 공연기획, 극작 전공이 있다. 뮤지컬 전공은 이 시대가 필요로 하는 노래, 춤, 연기 삼박자를 모두 갖춘 뮤지컬리스트 배출은 물론 연기자, 가수, 연극단원, 합창단원, 연기교사 등 다양한 분야로 진출할 수 있는 역량을 갖춘 인재를 양성하고 있다.

공연 시장이 확대되면서 연주자와 관객을 만나게 하는 매개자인 공연 기획자 양성을 목표로 하는 공연기획 전공도 인기다. 현장 실무 밀착형 교육으로 졸업 후 콘서트 기획, 축제 기획, 공연 홍보 마케팅 등 다양한 분야로 진출을 돕고 있다.

극작 전공에서는 현대 문화 콘텐츠에서 중요하게 떠오르는 스토리텔링 능력을 갖춘 극작가를 키워낸다. 이를 위해 창작 실습 교육 프로그램을 운영해 이론과 실기가 조화된 교육으로 시대적 요구에 부응하고 있다.

음악과 함께 예술의 중추 영역인 디자인미술학부에는 시각디자인과 공간환경디자인, 만화애니메이션, 영상미디어, 전통미술인 회화 전공이 개설되어 있다. 백석예술대학교는 현대 사회가 요구하는 전문 디자이너를 양성하고 공간과 영상, 환경을 구축해 커뮤니케이션을 돕는 인재를 키워내고 있다.

선진 산업 인재 배출과 해외 취업 확대

세계화 시대를 이끌어갈 글로벌 인재에게 필수 요소인 외국어 교육은 외국어학부에서 이뤄진다. 영어, 일본어, 중국어 전공이 개설된 외국어 학부에서는 국제 시장에서 소통 가능한 실무 능력을 기르고 읽기와 쓰기, 말하기 등 체계적인 훈련을 통해 국내외 무역 회사, 외국어 교육 기관, 금융 기관, 여행사, 항공사, 관광 업계 등에서 일할 수 있는 의사소통 능력을 갖도록 돕는다.

21세기 국가 전략 산업으로 꼽히는 관광 산업 인재를 양성하는 데도 앞서가는 백석예술대학교는 관광학부 내에 관광경영, 호텔경영, 글로벌투어서비스, 컨벤션이벤트, 외식경영 등 전공 수업을 통해 관광 산업의 유능한 전문 직업인을 배출하고 있다.

높은 취업률을 자랑하는 관광학부는 JW메리어트호텔서울, 콘래드, 반얀트리클럽앤스파서울, 온누리투어, 대명레저산업, 세중모나여행 등 산학협력을 체결한 업체만 44개에 이른다. 호텔리어 체험 활동 후에는 백석예술인만의 서비스 정신과 인성을 인정받아 취업으로 연결되는 사례도 많다.

인기 직종인 승무원 양성을 위해 개설된 항공서비스학부는 항공 운항과 항공 경영 전공으로 나뉘어 항공 서비스 전문인을 키워낸다. 국내외 항공 운송 산업이 확대됨에 따라 급증하는 항공 서비스 수요를 감당하기 위해 항공사 승무원과 지상직 인력 양성과 더불어 외국 정부 관광청 한국 사무원, 공항공사 직원 등 다양한 직종에서 일할 수 있는 인재를 길러내고 있다. 특히 국내 항공사를 넘어 국제무대에서 일할 수 있도록 다양한 취업의 길을 모색하는 항공서비스학부는 에미레이트항공, 카타르항공, 세부퍼시픽항공 등 해외 항공사 취업

공연예술학부의 졸업 공연 모습.

설명회를 개최하고 있으며, 외국어 실력 및 서비스 능력을 갖추기 위한 전문 교육과 현장 실습 등을 마련하고 있다.

세계 어디서나 통하는 외식 산업 인재 양성을 목표로 하는 외식산업학부는 국내외 각종 경연 대회에서 상을 휩쓰는 중이다. 푸드트럭 등 학생 창업을 잇달아 성사시키면서 오너 셰프의 꿈을 응원하고 있다. 학부 내에 호텔조리, 호텔제과제빵, 커피, 호텔외식서비스 전공이 마련되어 있으며 조리사, 제빵사, 바리스타, 소믈리에, 식품위생관리사, 아동요리지도사 등 다양한 자격증을 취득할 수 있는 것도 외식산업학부의 또 다른 매력이다.

이 밖에 사회복지, 영유아보육, 노인가족복지, 평생교육청소년 전공을 통해 사회복지사, 보육교사 2급, 평생교육사 2급, 청소년지도사 3급 등을 취득할 수 있는 사회복지학부가 있다. 경영, 세무회계, 사무비서행정, 의료행정, 경찰경호행정 등 세부 전공을 통해 세계화와 정보화 시대에 필요한 기업형 실무 인재 양성을 목표로 하는 경영행정학부, 미래의 유아 교육 전문인을 양성하는 유아교육과 등이 개설되어 있다.

특히 유아교육과는 2014년에 이어 2018년 2회 연속으로 교원 양성 기관 평가에서 A등급에 선정되어 그 전문성을 증명하고 있다. 공립 유치원 교사 임용 고시 합격자를 배출하고 있는 백석예술대학교 유아교육과를 졸업하면 국가 공인 자격증으로 교육과학기술부 명의의 유치원 정교사 2급과 보건복지부가 수여하는 보육교사 2급을 취득할 수 있다.

각종 대회 수상으로 나타나는 결실

실력 있는 글로벌 인재 양성을 위한 대학의 노력은 각종 경연대회 수상 실적으로 나타나고 있다. 2014년에는 실용음악 전

호텔조리 전공 재학생은 국가 대표 영 셰프로 독일조리사협회가 주관한 IKA 컬리너리 올림픽에서 단체전 은메달을 수상했다.

공 재학생이 유재하음악경연대회에서 자작곡으로 대상을 수상하며 실력을 인정받았다. 2015년에는 교회실용음악 전공 가스펠 밴드가 극동방송 전국복음성가경연대회에서 대상을 수상했다. 음악학부 학생들로 구성된 '더 블루 스카이' 팀은 한국장학재단이 주관하는 제5기 '지구별 꿈 도전단'에 선정돼 독일에서 연주회를 갖는 영예를 안았다. 2017년에도 대구국제뮤지컬페스티벌DIMF 뮤지컬 스타 인기상, 장려상을 수상하고 CCM 오디션 가스펠스타C 시즌6에서 은상을 수상하는 등 지속적으로 실적이 나타나고 있다.

외식산업학부 또한 각종 국제 대회를 휩쓸고 있다. 호텔조리 전공 재학생은 국가 대표 영 셰프로 독일조리사협회가 주관한 'IKA 컬리너리 올림픽Culinary Olympic'에서 단체전 은메달을 수상했다. 그 외에도 한국힐링챌린지컵 국제요리경연대회에서 최우수상을 비롯한 참가 학생 전원 수상, 한국국제요리경연대회 식품조각 전시경영 참가 학생 전원 수상, 커피브루잉대회 수상, 2019 말레이시아 국제요리경연대회에서 금메달을 수상하는 등 국내외 권위 있는 경연에서 수상하는 쾌거를 이뤘다.

외식산업학부는 해외뿐 아니라 국내에서도 뛰어난 실력을 인정받고 있다. 농수산식품공사가 주최한 청년 외식 창업 '인큐베이팅 프로젝트' 시상식에서 최우수상을 수상하는 등 이러한 성과는 취업난 속에서도 외식 창업으로 사회 진출을 모색하는 도전 의식을 학생들에게 심어주는 일석이조의 효과가 있다.

이웃과 함께하는 대학

백석예술대학교는 대한민국의 유명 강사들을 초청해 수준 높은 인문학을 강연하는 '백석 인문학 산책'을 5년째 진행하고 있다. 최고 수준의 인문학 강연으로 50회가 훌쩍 넘는 강연에 1만 3,000여 명의 서울 시민이 참여한 '백석 인문학 산책'은 서초구를 넘어 서울시의 대표적인 문화 강좌로 자리 잡았다. '백석 인문학 산책'의 문을 연 예술의전당 고학찬 사장을 비롯해 고전평론가 고미숙 교수, 〈풀꽃〉으로 잘 알려진 나태주 시인, 국립창극단 김성녀 예술감독, 전 국회의원 김홍신 소설가 등 인문·문화·예술계를 대표하는 쟁쟁한 인사들이 인문학 산책에 참여했다.

새로운 인문학 프로그램을 통해 이웃의 삶에 한 걸음 더 다가간 백석예술대학교는 다양한 평생 교육 프로그램을 선보이며, 소통을 강화하고 있다. 매월 클래식, 뮤지컬, 가요, 국악 등 다양한 장르의 음악에 쉬운 해설을 곁들여 진행하는 '스토리가 있는 음악 쉼터'는 지역 주민들이 가족 또는 지인과 함께 음악을 통해 감사와 사랑을 나누는 문화 나들이로 자리 잡고 있다.

매 학기 방학에는 '커피 바리스타' 과정을 개설해 지역 주민들의 재취업과 자기 계발 능력을 길러주는 한편, 방배노인복지관과 함께하는 늘푸른대학과정, 서초구 공모 사업의 일환으로 시행하는 서초시민대학을 주최하는 등 지역 사회와 함께하는 일에 적극 임하고 있다. 이외에도 본교 부설 평생교육원에서는 지역 주민을 위한 다양하고 풍성한 일반 과정 프로그램을 개설해 많은 사랑을 받고 있다.

2014년 11월 시작돼 한 달에 한 번씩 펼쳐지는 백석예술대학교의 클린 캠페인은 학생들과 교수진이 자발적으로 캠퍼스 주변을 청소하는 이웃 봉사 프로그램이다. 2019년 5월 현재까지 총 130회 실시해 지역 사회를 섬긴 공로를 인정받아 서울시로부터 상을 받았다.

박원순 서울시장은 "백석예술대학은 '주민 참여형 깨끗한 서울 가꾸기 사업'을 적극 추진해 주민 자율 청소 확산과 도시 청결 향상에 기여한 공이 크다"고 시상 이유를 밝히면서 "앞으로도 깨끗한 서울시를 위한 노력에 함께해달라"고 전했다.

매해 11월 중순에는 '사랑의 김장 담그기 행사'를 진행하고 있다. 이 행사에는 총장을 비롯한 교직원들과 나눔의 뜻에 공감한 학생들이 직접 팔을 걷어붙이고 참여한다. 담근 김치 500여 포기는 남부보훈지청과 방배 3동 주민센터에 전달되고 있다. 앞으로도 백석예술대학교는 사람을 변화시키고 생명을 살리는 교육을 목표로 하나님이 함께, 이웃과 함께, 너와 내가 함께하는 대학으로 계속 전진할 것이다.

대표이사
윤병수

OSTEONEUROGEN

㈜오스티오뉴로젠

학력

1983	서울대학교 B.S.(농업생명과학대학)
1985	KAIST M.S.(생물공학과)
1997	Dept. Microbiology&Immunology, Indiana University Ph.D.
1997~2000	Microbiology&Immunology, Indiana University, Post doctoral training

경력

1986~1990	목암생명과학연구소 주임 연구원
1991~1992	Microbiology&Immunology, Indiana University, Research Assistant
2001	Microbiology&Immunology, Indiana University, Research Assistant Professor
2001~2004	㈜코메드 부사장, KOMED생명과학연구소 연구소장
2004~2006	울산대학교 생명과학부 객원교수
2005~2012	㈜에디포젠 대표이사, 에디포젠 생명과학 연구소장
2009~2016	고려대학교 생명과학대학 겸임교수
2013	㈜에디포젠 인터내셔널 CSO, 연구소장
2013~2017	㈜오스티오뉴로젠 대표이사
2014	원광대학교 산학초빙교수
2015~현재	울산대학교 의과대학병원 생의과학연구소 연구특임교수 및 부소장
2017~현재	㈜오스티오뉴로젠 CTO 및 기업부설연구소 연구소장
현재	오스티오뉴로젠 대표이사

상훈

2000	The Young Investigator Award: 미 국립보건원(The National Institute of Diabetes and Digestive and Kidney Diseases); Cores Centers of Excellence in Molecular Hematology in School of Medicine, Indiana University
2004	보건산업기술대전 우수기술경진대회 한국보건산업진흥원상

OSTEONEUROGEN

윤병수 대표는 의학용 진단키트를 개발하는 ㈜에디포젠Adipogen을 설립해 연간 100만 달러 수출을 달성했던 경험이 있다. 당시 이를 바탕으로 보건복지부 장관상을 수상했다. 그 이후 생명공학도로서 좀 더 깊이 있는 연구를 통해 인류에게 더 많은 기여를 할 수 있는 신약 개발에 도전해보고자 하던 찰나에 회사를 구입하겠다는 투자가가 있어 이들에게 매각한 뒤 울산대학교 의과대학 등에서 교원으로 재직하며 현재의 회사를 설립하게 되었다.

윤 대표가 대학교에서 교원으로 재직하며 ㈜오스티오뉴로젠을 설립했다. 당시 울산대학교 의과대학 등에서 특임교수로 재직하며 골다공증 치료제를 연구했고 이 과정에서 향후 항섬유화 치료제 개발에 사용될 많은 과학적 자산을 쌓았다. 이 기간 동안 회사는 항섬유화능이 있는 수많은 화합물lead compound의 집합군을 확보하고 또 그들의 작용기전에 대한 유전자 정보를 확보함으로써 현재 파이프라인 개발의 초석이 준비되는 기간이 되었다.

윤 부회장은 미국 인디애나대학교 의과대학에서 면역학·미생물학 연구로 박사 학위를 받고 교수로 재직하다 2000년대 초반 한국에 돌아와 창업했다. 대사질환 치료제를 개발하는

오스티오뉴로젠은 폐섬유화, 간섬유화, 신장섬유화 치료에 대한 특허, 합성 기술 특허, 신약 분석 바이오에세이 시스템에 대한 특허 등을 출원한 연구 중심의 국내 바이오벤처다.

에디포젠도 윤 부회장이 세웠다. 오스티오뉴로젠은 2013년 설립했다.

ONG21001의 효능을 발견한 것은 우연이었다. 골다공증 치료제를 개발하던 중 간섬유화와 폐섬유화를 유발하는 유전자를 억제한다는 사실을 발견했다. 윤 부회장은 "리보 핵산 RNA 시퀀스 기술을 활용해 ONG21001이 간섬유화와 폐섬유화를 유발하는 유전자를 각각 100여 개, 70여 개 억제한다는 사실을 확인했다"고 했다. 2017년 관련 연구 논문을 국제학술지에 실었다.

기존 물질의 한계를 극복한 게 ONG41008이다. 이 회사는 물질 합성 단계를 4단계로 줄여 생산 원가를 대폭 절감했다.

아울러 물질의 항섬유화 효능을 망가뜨리지 않는 범위에서 물질 구조를 바꿔 약물 전달 효과를 높임으로써 간섬유화 치료제를 개발할 수 있게 됐다. 오스티오뉴로젠은 두 물질에 대한 특허 2건을 한국, 미국, 일본, 유럽 등에 출원했다.

가산디지털단지 본사 및 연구소 설립

오스티오뉴로젠은 2년 연구 끝에 특발성 폐섬유화IPF에 효력을 보이는 ONG21001을 발굴했고 이에 본격적인 연구 수행을 위해 현재의 위치인 가산디지털단지 내에 본사와 기업부설연구소를 설립했다. 당시 ONG21001이 폐섬유화 동물 모델에서 보여준 놀라운 치료 효과에 고무된 동료 생명공학과 교수들과 창립 주주들이 6억 원의 자본금을 투자해 충분한 설비를 갖춘 연구소를 설립할 수 있었다.

이를 바탕으로 순조롭게 연구가 진행돼 2016년도에는 다음과 같은 성과를 낼 수 있었다. 자체 개발한 ONGHEPA1 cell을 이용해 24시간 안에 항섬유화 치료 효력을 확인할 수 있는 시스템을 구축했다. 자체 구축한 항섬유화 선별 시스템을 이용해 폐섬유화에 효력이 있는 치료후보물질 ONG21001을 발

2년 연구 끝에 IPF에 효력을 보이는 ONG21001을 발굴한 오스티오뉴로젠은 본격적인 연구 수행을 위해 가산디지털단지 내에 본사와 기업부설연구소를 설립했다.

굴하는 데 성공했다. ONG21001의 폐섬유화 유도 동물 모델에서의 치료 효과를 확인한 것이다.

2017: ONG21001(IPF 치료제)의 비임상 실험 진입 준비 완료

ONG21001의 비임상 시험 진입 준비를 위한 각종 선행연구를 모두 완료해 비임상 시험GLP-tox 진입을 위한 모든 준비를 마쳤다. ONG21001, ONGA300, ONGE200 등 ONG Series들의 항섬유화 효력에 대한 연구를 온라인 바이오 저널인 바이오아카이브bioRxiv에 등재했다. 또한 중소기업진흥공단으로부터 벤처기업인증을 받았다. 오스티오뉴로젠의 파이프라인의 가치를 인정받아 마그나인베스트먼트로부터 10억 원의 Series A 투자도 받았다.

신규 후보물질 ONG41008의 발굴 및 비임상 시험 진입

간, 폐 모두에 치료 효력을 나타내는 ONG41008을 발굴해 국내 물질 특허 등록을 완료했다. ONG41008의 비임상 진입을 위한 모든 선행연구(효력, 독성)가 완료되어 인도의 CRO업체인 신젠 인터내셔널사Syngene international Ltd를 통해 비임상 시험을 진행하고 있다.

ONG Series들의 항섬유화 효력과 그 작용기전에 대한 연구내용을 보완해 저명한 국제학술지인 〈이바이오메디신EBioMedicine〉에 발표해 주요 논문highlighted으로 선정되었다. 〈이바이오메디신〉은 세계적으로 가장 유명한 의학 저널지인 〈란셋the Lancet〉지에서 만든 자매지로 생명공학 분야에서 임상적 가치가 높은 연구내용만을 선별해서 싣는 권위 있는 국제 학술지다.

오스티오뉴로젠은 다양한 약리 기능therapeutic efficacy이 알려진 천연의 크로몬 구조 플라보노이드chromone scaffold flavonoid 화합물들을 바탕으로 항염증, 항섬유화 효력이 있는 합성신약 후보물질 군library을 확보했고 이 후보물질들을 통해 섬유화 치료를 목적으로 하는 파이프라인을 구축해 개발을 진행 중이다.

섬유화증fibrosis은 알려지지 않은 원인을 포함해 다양한 원인에 의해 신체의 조직에 과도한 콜라젠의 침착이 발생해 조직이 딱딱해지고 본래의 기능을 잃는 질환을 말한다. 대표적인 예로는 상처 치료가 제대로 이뤄지지 않을 때 발생하는 흉터로, 흉터가 발생한 부위는 본래와 다른 외관과 조직 특성이 생기게 된다. 만약 이러한 흉터(섬유화)가 간·폐 등 주요 장기에 발생하면 생명을 위협할 수 있는 심각한 질환으로 발전하

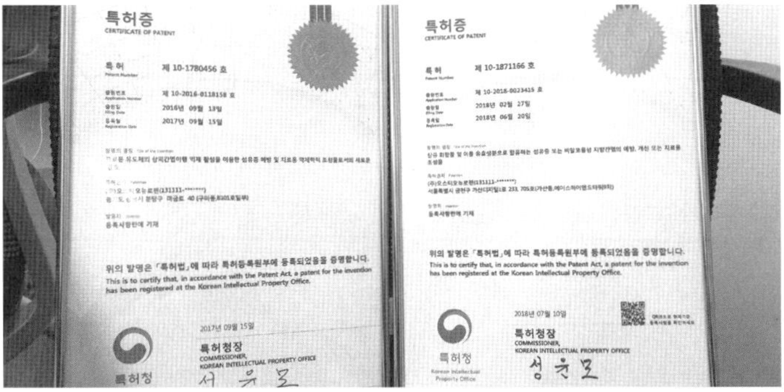

㈜오스티오뉴로젠은 간·폐 모두에 치료 효력을 나타내는 ONG41008을 발굴해 국내 물질 특허 등록을 완료했다.

게 됨으로 주요한 질병으로 분류되나 현재까지 근본 치료제가 없는 한계가 있다.

ONG Series는 섬유화 유발의 주요 매개인자인 TGF-β가 수용체 결합을 통해 섬유화 시그널링을 발생시키는 것을 원천적으로 차단하며, 이미 섬유화된 세포근섬유아세포에는 역분화dedifferentiation 촉진을 통해 조직 복원reversion의 효력이 있음이 밝혀졌다.

ONG Series가 갖는 섬유화 세포에 대한 역분화 촉진 기능은 매우 혁신적인 것으로 비가역적 변화로 여겨지는 섬유화증을 치료함으로써 근본 치료제로서 개발 가능한 잠재력을 가진 것으로 기대하고 있다.

현재 오스티오뉴로젠은 ONG Series를 통해 IPF, 류마티스성 폐간질환 폐섬유화RA-ILD 및 비알콜성지방간염NASH을 타깃으로 비임상 개발을 진행 중에 있다. 이 중 IPF와 RA-ILD는 희귀 질환으로 미국, 일본 등 주요국에 의해 치료제 개발을 법적으로 장려 받고 있으며 이들 제도를 통해 개발 시간 및 비용 절감이 가능한 장점이 있다.

㈜오스티오뉴로젠은 ONG Series를 이용해 이들 희귀 질환들에 대한 조기 기술계약판매L.O를 추진하고 있으며 빠르면 2020년부터 가시화될 전망이다.

파이프라인의 경쟁력

파이프라인인 ONG41008 & ONG21001이하 ONG Series은 역분화de-differentiation 촉진 작용을 통해 섬유화가 발생한 조직을 정상 복원하는 치료 메커니즘MoA이 있다.

이 선행연구에서 밝혀졌다. 이미 발생한 섬유화 조직을 정상 복원하는 사례가 임상에서 재현된다면 섬유화 치료제에 한 획을 그을 수 있는 혁신적인 치료제 개발이 가능하다.

섬유화 시장은 간·폐 등 주요 장기의 섬유화가 매우 높은 시장잠재력을 가지고 있어 치료제를 개발하는 데 성공할 시 높은 수익 실현이 가능하다.

희귀 질환 치료제 개발에 따른 높은 전략적 이점 보유

ONG Series가 타깃 하는 IPF와 RA-ILD는 희귀 질환으로서 개발 일정 단축 및 비용 절감 등의 높은 이점이 있다. 희귀 질환Orphan disease 치료제들은 초기 단계early-stage에서 기술 계약 판매가 가능해 빠른 시점에 매출 발생 및 IPO를 위한 요건 달성이 가능하다.

다양한 파이프라인 확장이 가능한 파이프라인 잠재력 보유

핵심 파이프라인인 ONG41008은 물질특허가 확보되었을 뿐 아니라 선행연구에서 간·폐 등 다양한 장기에서의 섬유화 치료제 개발이 가능한 잠재력을 나타내고 있다. 이를 통해 회사는 임상 2상 이후 여러 섬유화 관련 적응증들로의 파이프라인 확장개발 계획을 보유하고 있다.

ONG Series는 섬유화가 동반되는 섬유화성 암종fibrotic

cancer에 대한 복합항암제 개발이 가능하다. 오스티오뉴로젠은 간암, 췌장암에 대한 복합항암제 개발 계획을 보유하고 있다.

- IND Filing 위한 GLP IND TOX
- ONG41008 및 ONG21001은 합성신약chemical drug 계열의 항섬유화 치료제로 경구 투여 방식으로 개발 중
- ONG41008과 ONG21001의 순차적 비임상 개발 진행을 통해 2021년까지 임상 개발에 진입한 2개의 파이프라인을 확보 예정
- 합성신약ONG Series 파이프라인을 활용한 파이프라인 확장
- 임상 2상 이후 다양한 장기(간, 폐, 전신)의 섬유화 적응증으로의 파이프라인 확장
- 간암, 췌장암 등 섬유성암종fibrotic cancer에 대한 복합항암제 개발 추진
- ONG Series의 항염증 기능을 이용, 염증성 질환에 대한 치료제 개발 추진

사회 공헌

가톨릭관동대학교 의생명공학과 학생 장학금 지원과 2019년 중소벤처기업부와 한국산업기술진흥원이 주관하는 기업연계형 기술 개발, 인력양성사업에 가톨릭관동대학과 함께 수행과제에 공동참여할 계획이다.

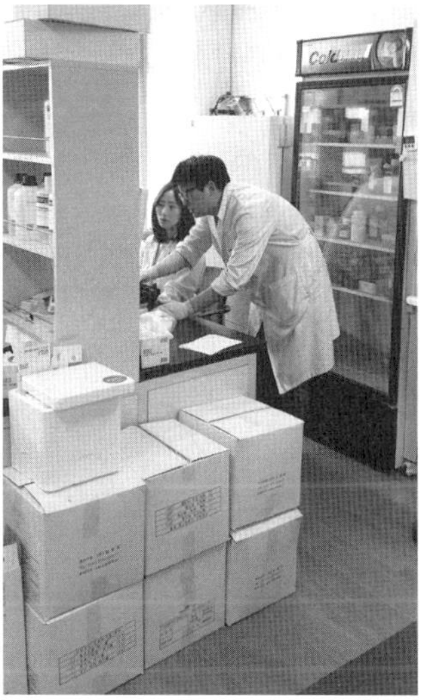

오스티오뉴로젠은 2020년 상반기 국내에서 ONG21001 임상 1상을 진행해 안정성을 확인하고 미국에서도 임상을 시작하는 게 목표다.

마지막으로 오스티오뉴로젠은 ONG21001 임상을 먼저 시작할 계획이다. 2020년 상반기 국내에서 임상 1상을 진행해 안전성을 확인하고 미국에서도 임상을 시작하는 게 목표다. 윤 부회장은 “약물의 안전성을 검증한 뒤 다국적 제약사에 기술 이전을 하는 게 비즈니스 모델”이라고 했다.

회장
윤홍근

제너시스BBQ그룹

경력

1995 제너시스BBQ그룹 창립
BBQ 1호점 오픈
1996 BBQ 100호점 오픈
1999 BBQ 1,000호점 오픈
2000 치킨대학, 물류센터 개관
2003 BBQ 중국 진출(해외 시장 진출 시작)
2005 BBQ 올리브유 개발
2007 BBQ 카페 런칭
2011 BBQ 프리미엄카페 런칭
2013 BBQ 교육 과정(치킨대학) 2만 2,000명 수료

상훈

1999 한국 유통대상 국무총리상(1회)
2003 대한상공의 날 동탑산업훈장
한국 유통대상 국무총리상(2회)
2005 공정거래위원회 대통령상
2007 스페인 시민 십자대훈장
2009 대한상공의 날 은탑산업훈장
한국능률협회KMA 최고경영자상
인적자원개발 우수 기관 인정(치킨대학)
창조경영인 마케팅 분야 한국경제 CEO 대상
2010 2010 Korea CEO Summit 창조경영대상
2011 한국마케팅관리학회 마케팅 대상
소비자 품질만족 대상
(사)한국취업진로학회 주관 '제1회 고용창출 선도 대상'
2012 글로벌 마케팅 대상 최고경영자상
2012 윤동주 민족상
제17회 유통대상 대통령상
2014 일자리 창출 정부포상 대통령상
2015 대한민국 식품대전 금탑산업훈장
2015 요우커 만족도 치킨 부문 1위
2016 12년 연속 브랜드스탁 선정 치킨업계 1위
대한민국 100대 CEO 10년 연속 선정
2017 대한민국 100대 CEO 11년 연속 선정

bb·q

대한민국 원조에서 글로벌 프랜차이즈로 우뚝

국내 최대 규모 프랜차이즈 그룹인 제너시스BBQ그룹은 BBQ, 올떡, 우쿠야 등 각 업종에서 국내를 대표하는 프랜차이즈 브랜드를 통해 3,000여 개 가맹점을 운영하고 있다.

제너시스BBQ는 1995년 창사 이후 프랜차이즈 업계의 각종 기록을 갈아치우며 비약적인 성장을 거듭하고 있다. 제너시스BBQ의 대표 브랜드인 BBQ는 1995년 11월 1호점을 오픈한 지 4년 만에 1,000호점(1999년 11월)을 돌파했으며,

각 업종에서 국내를 대표하는 프랜차이즈 브랜드로 우뚝 선 제너시스BBQ그룹의 BBQ 1호점인 전곡점.

2019년 현재 1,800여 개 가맹점 망을 구축하며 국가 대표 치킨 브랜드로 자리매김했다.

행복한 세상 만들려고 창업한 준비된 CEO

윤홍근 제너시스BBQ그룹 회장은 어린 시절부터 장래 희망을 묻는 질문에 "CEO"라고 답했다. 윤 회장이 학교에 다니던 시절은 책과 공책, 연필 등을 보자기로 싼 다음 허리에 동여매고 고무신을 신고 뛰어다니던 때였다.

그러던 어느 날 여수 시내에서 경찰 공무원을 하시던 아버지가 선물로 책가방과 운동화를 윤 회장에게 건넸다. 당시 윤 회장은 매끈한 가방과 튼튼한 운동화에 감탄하며 누가 이런 제품을 만드는지 아버지에게 물어봤다. "기업"이라는 답을 들은 그는 그 자리에서 바로 결심했다. 어른이 되면 기업을 만들어 사람들을 행복하게 해주겠노라고.

시간이 흘러 윤 회장은 미원그룹에 입사해 평범한 샐러리맨으로 사회생활을 시작했다. 직원이었지만 뜨거운 피가 끓었고 'CEO처럼 일하는 직원'이 회사 생활의 모토가 됐다. 그는 최고 경영자의 눈으로 없는 일도 만들어서 했고, 사람들 사

제너시스BBQ그룹의 대표 브랜드인 BBQ는 1995년 11월 1호점을 오픈한 지 4년 만에 1,000호점(1999년 11월)을 돌파했다

이에서는 일벌레로 소문이 났다. 직장 생활을 시작한 이후 밤 12시 이전에 귀가한 적이 없을 정도였다. 윤 회장은 지금도 신입사원을 채용할 때 "CEO처럼 일할 준비가 되어 있는가"를 항시 묻는다. 주인 의식을 가지고 임할 때 안 될 것은 없다는 것이 그의 지론이다.

회사 생활을 하던 어느 날이었다. 윤 회장은 길을 걷던 중 담배 연기 자욱한 허름한 통닭집에서 엄마와 아이가 통닭을 시켜먹는 모습을 봤다. 그때 불현듯 어린이와 여성을 타깃으로 하며 깨끗하고 건강에도 좋은 치킨을 만들어서 팔면 좋겠다는 생각이 그의 머릿속을 스쳤다. 지금은 누구나 생각할 수 있을지도 모르지만 치킨집은 곧 호프집이던 당시에는 획기적인 아이디어였다.

블루 오션을 찾아낸 윤 회장은 1995년 7월 잘 다니던 회사에 사표를 제출하고 그해 9월 1일 자본금 5억 원의 BBQ 가맹본사를 설립했다. 전셋집을 월셋집으로 옮기고 통장을 탈탈 털어 1억 원을 마련했지만 나머지 4억 원이 문제였다. 지인과 선후배를 찾아다니며 십시일반 투자를 받았다. 그를 믿고 당시 집 한 채에 해당하는 큰돈을 선뜻 투자해준 지인들을 생각하며 윤 회장은 악착같이 일했다. 사무실에 야전 침대를 갖다 놓고 밤낮으로 일했다. 시간과 비용을 절약하기 위해 라면으로 끼니를 때우기 일쑤였다. 무엇보다 어린이와 여성이 좋아하는 깨끗하고 건강한 치킨을 만들기 위해 가장 큰 공을 들였다. 사업을 시작한 이후 하루도 닭을 먹지 않은 날이 없고 최상의 치킨 맛을 내기 위해 생닭을 먹기까지 했다.

상생은 기본, 가맹점주가 아닌 패밀리

프랜차이즈 사업 특성상 가맹점과의 상생은 필수다. BBQ는

장학금 수여 제도는 10년을 이어온 제너시스BBQ그룹만의 전통이다.

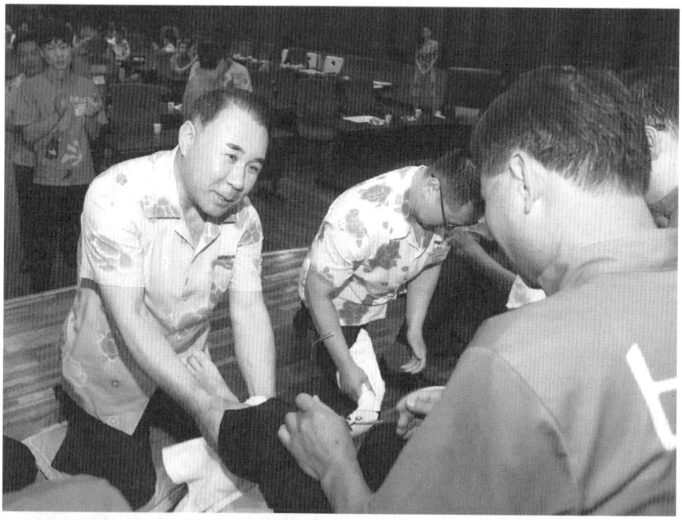

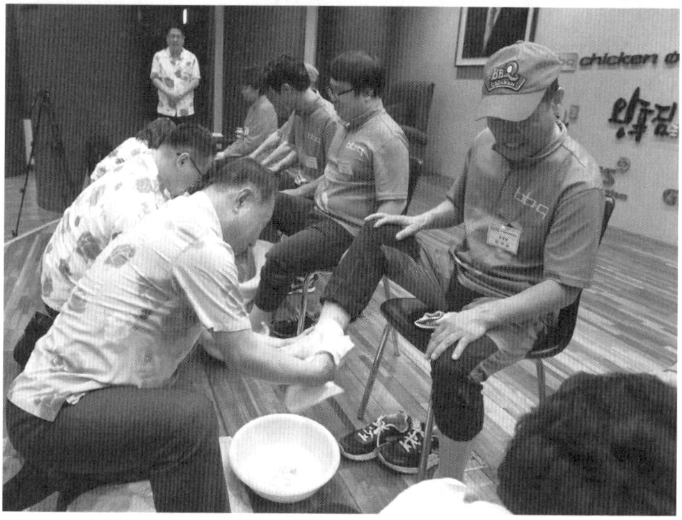

가맹점이 살아야 본사가 산다는 경영 이념을 추구하는 제너시스BBQ그룹은 가맹점주라는 말 대신 패밀리라고 칭하며 상생의 가치를 실천하고 있다. 패밀리 세족식이 그 단면을 잘 보여준다.

'가맹점이 살아야 본사가 산다'는 경영 이념을 추구하고 있다. 가맹점주라는 말도 사용하지 않고 "패밀리"라고 칭하며 상생의 가치를 실천하고 있다.

가장 대표적인 상생 제도가 가맹점주 자녀 학자금 지원이다. 10년 이상 패밀리 자녀들에게 장학금을 지급하고 있는데 현재까지 지급한 장학금 액수만 총 17억 원이 넘는다. 장학금 수여 제도는 10년을 이어온 BBQ만의 전통으로, 사회 구성원으로 성장한 패밀리 자녀들이 편지나 메일을 통해 취업 및 결혼, 유학 소식 등을 전해올 때 윤 회장은 기업가로서 가장 큰 보람을 느낀다고 한다.

BBQ는 패밀리가 '동' 위원, 본사 담당자가 '행' 위원이 되어 본사 정책과 관련된 모든 것을 논의하고 토론하는 '동행위원회'를 발족했다. 동행위원회를 통해 본사와 패밀리 간 상생 및 동반 성장을 실천하기 위함이다.

특히 2019년 2~3월 두 달 동안 요기요와 함께 진행했던 '가맹점 부담금 제로Zero 상생 프로모션'은 패밀리들이 부담 없이, 비수기에 패밀리들의 매출과 수익을 극대화하기 위해 진행됐던 이벤트였던 만큼 업계에 귀감이 되고 있다.

가맹점이 살아야 본사가 산다는 제너시스BBQ그룹의 경영 철학을 담은 프로모션으로 패밀리의 부담 금액은 '0', 즉 본사에서 할인된 금액을 전액 부담했다. 어려운 경제 환경 속에서 유례없는 매출 상승을 이룬 패밀리들은 본사와 패밀리 간 소통 창구인 BBQ 내부 온라인 게시판을 통해 호평을 전하고 있으며, 향후 매출과 사업 신장의 기대감을 표출하고 있다. BBQ는 이번 마케팅을 통해 2018년 대비 2배 이상의 기하급수적인 매출 상승을 경험하고 있다.

윤 회장은 그룹 임직원들에게 3가지를 약속한다. 첫째, 동종 업계보다 임금을 2배 높게 주는 것이다. 타 기업들은 기업 이익을 위해 직원들에게 희생을 강요하는 반면 BBQ그룹은 기업 이익을 직원들에게 돌려줌으로써 직원들의 사기를 올려준다. 둘째, 헌신한 직원을 위한 노후 보장. 셋째, 사택을 지어 집 장만 걱정을 없애주는 것이다. 제너시스BBQ 성장의 가장 큰 동력은 인재다. 그렇기에 그들을 위해 뭐든 해주고 싶다는 것이 윤 회장의 바람이다.

뚝심으로 조류독감 사태 극복

2005년 치킨 업계에 심각한 위기가 발생했다. 2003년부터 간

헐적으로 발생하던 조류독감AI이 우리나라를 강타한 것이다. AI는 당시에 조류독감이라 불리면서 닭이나 오리에게 발생하는 독감이 사람에게 옮겨 사망할 수 있다는 우려로까지 확산됐다. 결국 닭고기와 오리고기 소비 심리가 급속도로 위축되기에 이르렀다.

BBQ를 비롯한 치킨 업계 매출이 급감하면서 당시 외식산업협회장을 맡았던 윤 회장의 고민은 커졌다. 그는 고민했다. '국내에서 조류독감 피해 사례는 전무한데 왜 사람들은 조류독감에 민감할까'. 문제는 '독감'이란 단어에서 풀렸다. 정식 명칭인 AIAvian Influenza 혹은 버드 플루Bird Flu 대신 국내에서는 조류독감으로 통용되고 있었다.

독감이란 단어 때문에 국민들은 누구나 걸릴 수 있는 무시무시한 병이라 인식하게 된 것이다. 방법은 한 가지였다. 정식 명칭을 가져오는 것이다.

농림부, 국립수의과학검역원, 대학교수 등을 차례로 방문해 조류독감을 AI로 변경해야 하는 당위성을 설명했다. 하지만 3년 넘게 전국적으로 불려온 이름을 바꾸는 일은 쉽지 않았다. 윤 회장은 거의 매일 언론사로 출근해 업계의 어려움을 전하고 정식 명칭인 AI를 알리기 위해 힘썼다.

몇 달 동안의 노력 끝에 전 언론이 일제히 조류독감 표기를 AI로 바꿔줬다. 뒤이어 정부와 학계에서도 공식 명칭을 AI로 인정했다. 며칠 지나지 않아 닭고기 소비도 점차 늘어나 소고기 판매량을 능가했다는 보도가 들려오며 치킨 업계는 다시 살아나게 됐다.

원가보다는 맛과 건강, 세상에 없던 올리브유 치킨

BBQ는 2005년 '세상에서 가장 맛있고 건강한 치킨'을 고객들에게 선보이겠다는 목표에 따라 전 세계 최초로 엑스트라 버진 올리브유를 원료로 한 BBQ올리브오일을 도입해 전 치킨 메뉴를 올리브유로 조리하고 있다.

올리브유는 엑스트라 버진Extra Virgin, 퓨어Pure, 포마세Pomase 등 3가지로 나뉜다. 그중 BBQ가 사용하는 엑스트라 버진은 세계 최고 등급인 스페인산 올리브유로 맛과 향, 지방 구조 측면에서 다른 식용 기름보다 월등한 품질을 자랑한다.

BBQ는 2005년 약 3년에 걸친 기술 개발과 실험을 거쳐 명품 올리브오일 개발에 성공했다. 'BBQ올리브오일'은 토코페롤, 폴리페놀 같은 노화 방지 물질이 풍부하며 나쁜 콜레스테

롤은 낮추고 좋은 콜레스테롤을 높여주는 등 트랜스 지방과는 반대의 기능을 갖고 있다.

일반 올리브유는 발연점이 낮아 프라잉 시 쉽게 타거나 검게 변해 튀김유로 적합하지 않다고 여겨지기도 했다. 하지만 BBQ는 자체 R&D 기관인 세계식문화과학기술원(중앙연구소)이 ㈜롯데푸드와 손잡고 오랜 연구 끝에 물리적 방식의 여과와 원심 분리 기술을 적용해 과육 찌꺼기를 걸러내 튀김 온도에 적합한 오일을 발명한 결과 특허를 취득했다.

올리브유가 인체 건강에 유익하다는 연구 결과는 많다. 2019년 3월 7일 미국 휴스턴에서 열린 미국심장학회AHA 총회에서 발표한 연구 결과Eating olive oil once a week may be associated with making blood less likely to clot in obese people에 따르면, 비만 단계의 사람들이라도 올리브오일을 자주 섭취하면 심장 건강에 좋고, 뇌졸중을 막는 데도 도움이 되는 것으로 나타났다.

특히 최근에는 지중해 연안 국가 국민들의 장수 비결이 올리브유를 기본으로 한 '지중해식 식단'으로 알려지면서 우리나라에서도 올리브유의 판매량이 폭발적으로 늘어나고 있다. 올리브유를 기본으로 과일과 생선, 채소, 견과류를 즐기는 지중해식 식단은 수많은 연구에서 심장 질환과 뇌졸중 위험을 낮추는 데 도움이 되는 것으로 나타났다.

실제로 미국의 석유 재벌 존 록펠러John Rockefeller는 97세 장수의 비결을 "매일 한 스푼의 올리브오일을 먹는 것"이라고 밝힌 바 있다.

실제 BBQ 올리브유는 타 치킨 업체에서 사용하는 대두유, 옥수수유, 카놀라유, 해바라기유 등과 원가가 4~5배 이상 차이 난다. 그럼에도 불구하고 엑스트라 버진 올리브유를 도입한 데는 국민 건강을 생각하는 제너시스BBQ그룹의 경영 철학이 담겨 있다.

국가 대표 치킨, 해외에서도 통하다

2003년 BBQ는 큰 결단을 내렸다. 국내 외식 프랜차이즈를 한 단계 발전시키고자 중국 진출을 강행했다. 여러 시행착오 끝에 현재 중국, 미국, 인도네시아, 베트남 등 전 세계 57개국과 마스터프랜차이즈 계약을 체결했으며 전 세계 30여 개국에 진출해 300여 개 매장을 보유한 글로벌 외식 프랜차이즈가 되었다.

BBQ는 글로벌 시장 진출 시 마스터프랜차이즈 형태로 진

뉴욕 맨해튼 32번가점 그랜드 오픈식에서 제너시스BBQ그룹 윤홍근 회장이 인사말을 하고 있다.

출한다. 제너시스BBQ가 지향하는 마스터프랜차이즈 방식이란 글로벌 프랜차이즈 브랜드들이 공통 적용하는 최신 해외 진출 방식으로 현지 상황에 대해 잘 알고 있고 경쟁력 있는 기업에게 상표 사용 독점권을 부여하고 사업 노하우를 전수해 사업의 성공 가능성을 높이는 방식이다. 경우에 따라서는 직영 형태로 진출해 플래그십 스토어 역할을 하기도 한다.

BBQ는 글로벌 진출 시 코벌라이제이션Kobalization, Korea+Globalization을 추구, BBQ 고유의 한국적인 콘셉트를 유지하되 국가별로 차별화된 전략을 구사하고 있다.

BBQ는 2017년 3월 미국 프랜차이즈의 본고장이자 세계 경제의 심장부인 뉴욕 맨해튼에 맨해튼 32번가점을 오픈했다. 22년 동안 축적된 프랜차이즈 시스템과 노하우를 전부 담아 직영점 형태로 진출했다. 이 매장은 K푸드의 우수성 및 선진화된 대한민국 외식 문화를 뉴요커 및 전 세계 관광객들에게 널리 알리는 글로벌 플래그십 스토어가 되고 있다.

베풀 줄 아는 따뜻한 기업, 목표는 세계 1위

BBQ가 아프리카 구호 단체인 '아이러브아프리카'와 '아프리카 구호 개발을 위한 사회 공헌' 업무협약을 체결하고 아프리카 어린이 돕기에 앞장서고 있으며 세계적인 빈곤과 기아 문제 해결을 위해 UN세계식량계획WFP과 제로 헝거Zero Hunger, 기아 없는 세상 협약식을 갖고 후원 활동에 앞장서고 있다.

BBQ는 패밀리와 함께 기금을 모으는 매칭 펀드 방식으로 연간 약 6억 원씩을 아이러브아프리카와 UN WFP에 기부하고 있다. 고객이 치킨을 주문할 때마다 본사와 가맹점이 마리당 각각 10원씩을 적립해 두 기관에 기부하고 있다. BBQ는 앞으로 5년 동안 두 기관에 각각 30억 원씩 기부할 것을 약속

맥도날드를 뛰어넘는 세계 최대 최고 프랜차이즈 기업이 목표인 제너시스BBQ그룹은 뉴욕 맨해튼 32번가점을 열었다.

했다.

이외에도 BBQ는 릴레이 형식으로 지역아동센터 및 노인복지관 등에 치킨을 지원하는 치킨릴레이 나눔 행사를 매주 활발히 진행하고 있다. 치킨릴레이는 패밀리에서 재능 기부 및 봉사 활동 형식으로 매장 인근 지역아동센터, 노인복지관, 장애인복지관 등에 치킨을 조리해 나눠 주며 본사에서는 일부 원재료를 지원한다.

윤홍근 회장의 비전은 뚜렷하다. 2025년까지 전 세계 5만 개 가맹점을 성공적으로 오픈해 맥도날드를 추월하는 세계 최대 최고 프랜차이즈 기업으로 성장하는 것이다. 윤 회장은 말하는 대로 이뤄진다는 '시크릿 법칙'과 어떤 기대나 강력한 믿음을 가지면 실제로 이뤄진다는 '피그말리온 효과'를 믿는다. 지난 20년간 위기도, 실패도 종종 있었지만 항상 위기는 기회가 되었고, 실패는 다시 일어서는 밑바탕이 되었다.

'맥도날드를 뛰어넘는 세계 최대 최고 프랜차이즈 기업'이란 목표에 대해 누군가는 허황된 꿈이라고 말할지 모르지만 오늘도 제너시스BBQ그룹은 전 세계 5만 개 매장 개설이라는 구체적인 목표를 달성하고자 부지런히 전진하고 있다.

"주인 의식을 가지고 임할 때
안 될 것은 없다."

대표이사
이갑

LOTTE DUTY FREE

롯데면세점

학력

1981　서울 여의도고등학교 졸업

1988　고려대학교 사회학 졸업

경력

1987　㈜롯데쇼핑 입사

2007　㈜롯데쇼핑 대구점 점장

2009　㈜롯데쇼핑 여성패션부문 부문장

2011　㈜롯데쇼핑 마케팅부문 부문장

2013　㈜롯데쇼핑 정책본부 운영실 전무

2016　㈜대홍기획 대표이사

2019　㈜롯데호텔 롯데면세점 대표이사

상훈

2019　제13회 아시아소비자대상 아시아경제 특별상

KCAB 한국 소비자 평가 최고의 브랜드 대상(면세점 부문)

KBHF 대한민국 브랜드 명예의 전당(면세점 부문)

K-BPI 제21차 한국산업의 브랜드파워 대상(면세점 부문)

NBA 국가 브랜드 대상(면세점 부문)

LOTTE
DUTY
FREE

1980년 서울 소공동에서 우리나라 최초의 종합 면세점으로 탄생한 롯데면세점은 아시아 1위, 세계 2위의 위치에서 국내뿐 아니라 세계의 관광 유통 산업을 이끌고 있다.

백화점처럼 매장마다 구획화된 부티크 스타일을 세계 면세점 업계 최초로 시도한 것을 시작으로 언제나 '최초', '최고'의 자리에 서 있었다.

롯데면세점은 세계 면세점 최초로 루이비통, 에르메스, 샤넬 등 명품 빅3를 유치함으로써 외국인 관광객 유치를 통한 관광 산업 활성화라는 성과를 낳았다. 세계 명품을 한곳에 모아 취향에 따라 제품을 고를 수 있게 함으로써 쇼핑을 위해 홍콩과 싱가포르로 향하던 외국인 관광객들의 발길을 우리나라로 돌렸던 것이다.

롯데면세점은 이처럼 외화 획득과 관광객 유치의 선발대 역할을 지난 39년 동안 자임해왔다.

고객 만족을 최우선의 과제로

롯데면세점 이갑 대표이사는 지난 33여 년간 롯데에서만 몸담으며 '고객 만족'을 최우선의 과제로 삼아왔다. 고객 접점에서

롯데면세점은 2019년 4월 1일 롯데월드타워에서 소비자 권익 인식 제고 및 서비스 경쟁력 강화를 위한 CCM 도입 선포식을 진행했다.

근무했던 롯데백화점 대구점 점장을 비롯해 여성들 사이에서 유행하는 패션 트렌드를 속속들이 꿰뚫고 있어야 했던 롯데백화점 여성패션MD부문장, 고객이 진정으로 원하는 마케팅이 무엇인지를 공부해야 했던 롯데백화점 마케팅부문장, 고객의 흥미를 끌 수 있는 광고를 제작해야 했던 대홍기획 대표이사 등 다양한 업계에서 고객 만족을 위해 최선을 다해왔다.

2019년 1월 롯데면세점 대표직으로 자리를 옮긴 이갑 대표는 고객의 행복에 근간을 둔 경영 철학을 유지해 롯데면세점의 건실한 성장을 이어가겠다는 각오다.

2019년 4월 1일 롯데면세점은 잠실 롯데월드타워에서 소비자 권익 인식 제고 및 서비스 경쟁력 강화를 위한 CCM Consumer Centered Management 도입 선포식을 가졌다. 롯데면세점 이갑 대표 및 200여 명의 임직원들이 참석한 이번 선포식을 통해 롯데면세점은 대고객 서비스 경쟁력을 강화하고 고객 중심의 서비스 운영 시스템을 정착시켜 지속 가능한 고객 만족을 실현해나갈 의지를 대외적으로 피력했다. 소비자 중심의 경영 철학을 더욱 적극적으로 구현해나가려는 이갑 대표의 강력한 의지가 담긴 자리였다.

지속적인 해외 진출로 글로벌 넘버원 면세점에 한 걸음 더 가까이

롯데면세점은 2019년 현재 해외 7개국에서 총 12개 매장을 운영하고 있다.

2012년 1월 인도네시아 자카르타공항점(현재 영업 종료)을 개점하며 국내 면세점 업계 최초로 본격적인 해외 시장 진출에 성공한 후, 2013년 6월 인도네시아 자카르타시내점, 2013년 7월 미국 괌공항점, 2014년 9월 일본 간사이공항점, 2016년 3월 일본 도쿄긴자점, 2017년 6월 태국 방콕시내점을

롯데면세점은 2017년 국내 면세 업계 최초로 베트남에 진출했는데, 11월 다낭공항점을 오픈해 개점 첫해에 흑자 전환이라는 이례적인 성공을 거두고 있다.

개점하는 등 빠르게 글로벌 성장을 이루고 있다.

롯데면세점은 2017년 국내 면세 업계 최초로 베트남에도 진출했다. 2017년 11월에는 다낭공항점, 2018년 6월에는 나트랑깜란공항점을 오픈해 개점 첫해에 흑자 전환이라는 이례적인 성공을 거두고 있다.

2018년 8월에는 JR듀티프리JR Duty Free로부터 오세아니아 지역의 5개점을 인수하는 계약을 체결해 비非아시아권 진출의 신호탄을 쏘아 올렸다.

철저한 사전 시장 조사로 빠르게 정착한 다낭공항점과 나트랑깜란공항점

롯데면세점의 해외점 매출은 베트남이 견인하고 있다 해도 과언이 아니다. 롯데면세점은 2017년 11월 다낭공항점 그랜드 오픈을 통해 베트남 시장 공략을 본격 시작했다. 330평 규모의 다낭공항점은 2017년 월평균 11억 원의 매출을 기록하며 이례적으로 오픈 첫해에 흑자 전환에 성공했다. 2018년에는 월평균 34억 원의 매출을 기록하면서 220%가량의 신장률을 나타내고 있다.

롯데면세점은 2018년 6월 나트랑깜란국제공항에 베트남 2호점을 열면서 베트남 면세 시장의 선두 주자로 자리매김하고 있다. 508평 규모로 오픈한 나트랑깜란공항점은 오픈 첫 달 50억 원의 매출을 기록하면서 다낭공항의 월매출을 뛰어넘는 광폭 행보를 보이고 있다.

특히 나트랑은 러시아인들이 선호하는 관광지로 롯데면세점은 러시아인들이 선호하는 초콜릿, 향수 브랜드를 강화하는 등 재빠른 대응으로 매출을 극대화하고 있다.

롯데면세점이 성공적으로 베트남 시장에 안착할 수 있었던

롯데면세점은 2018년 6월 나트랑깜란국제공항에 베트남 2호점을 열면서 베트남 면세 시장의 선두 주자로 자리매김하고 있다.

이유로는 철저한 현지 시장 조사를 통한 관광객 선호 상품 조사와 파트너사와의 긴밀한 관계 유지가 핵심이었다.

현지 파트너사와의 긴밀한 협업은 베트남 주요 관광지 두 곳(다낭, 나트랑)의 국제공항에 매장이 안정적으로 오픈하는 데 큰 역할을 했다. 2년 동안 이뤄졌던 현지 시장 사전 조사는 고객들의 입맛에 맞는 적절한 상품 구성으로 오픈 첫해부터 흑자를 기록하게 해주었다.

롯데면세점은 다낭, 나트랑은 물론 하노이, 호찌민 등 베트남 주요 도시에 공항 면세점과 함께 시내 면세점 출점을 지속적으로 추진하고 있다. 향후 2년 내 베트남 최대 면세점 브랜드로 성장하겠다는 각오다.

특히 베트남을 찾는 외국인 관광객 증가율은 동남아시아 국가 중 가장 높아 롯데면세점의 베트남 사업은 청신호를 예고하고 있다.

매년 2배 광폭 성장하는 도쿄긴자점

롯데면세점은 2016년 3월 택스 프리사후 면세점 시장이 자리 잡은 방일 관광객 쇼핑 시장에 도전장을 내밀었다. 도쿄 긴자 '도큐플라자'에 문을 연 롯데면세점 긴자점은 오픈 첫해인 2016년 200억 원의 매출을 기록하는 데 그쳤으나 2017년 490억 원의 매출을 기록하면서 145%의 성장률을 기록했다.

롯데면세점의 일본 진출은 방일 관광객 쇼핑 시장을 장악하고 있던 택스 프리 형태를 답습하지 않고, 일본에서는 생소했던 듀티 프리사전 면세점 모델을 도입해 이를 정착시키고 안정시켰다는 데 큰 의미가 있다. 이제는 도쿄뿐 아니라 다른 지역의 추가 출점까지 계획하면서 기존의 택스 프리 강자들에게도 위협적인 존재가 되었다.

롯데면세점 도쿄긴자점은 오픈 이후 일본 면세 시장에 맞는 브랜드를 발굴하고 이를 입점시키기 위한 끊임없는 노력을 기울여왔다.

2017년 사드로 인한 중국의 보복으로 중국인 단체가 급감하는 위기를 겪기도 했으나, 일본을 방문하는 국내 관광객들을 위한 타겟팅 프로모션과 함께 일본 방문율이 높은 타이완 관광객을 집중 공략하면서 연일 최고 매출액을 경신하고 있다. 2018년 8월부터는 사드 이후 발길이 끊겼던 중국인 단체 또한 도쿄긴자점 입점을 재개하면서 일본 시내 면세점 1위 달성은 무난히 이룰 수 있을 것으로 보인다.

서구 문화권 최초의 매장인 호주 지역 연초 오픈

롯데면세점은 2018년 8월 오스트레일리아 JR듀티프리 인수본 계약을 체결하고 브리즈번공항점을 비롯한 오세아니아 지역 5개 매장을 인수하면서 아시아 지역 진출에만 편중되어 있던 국내 면세점의 역사에 큰 획을 그었다.

롯데면세점은 2016년 일본, 2017년 베트남에 이어 2019년에는 오스트레일리아까지 진출하면서 국내 시장에 안주하지

2019년 3월 25일 호주 브리즈번공항에서 롯데면세점 그랜드 오픈 행사가 진행됐다.

않고 해외 시장의 문을 지속적으로 두드리는 글로벌 사업자의 면모를 보여주고 있다. 오스트레일리아 관광 시장에 롯데면세점의 한류 마케팅을 접목하고 나아가 매출 극대화를 이루기 위한 내부 논의가 한창이다.

선진 관광 한국을 이끌기 위한 사회 공헌 활동

롯데면세점은 2019년 3월 20일 롯데액셀러레이터와 함께 부산 관광 산업 및 지역 경제 활성화를 위한 '롯데면세점 청년기업 & 지역 상생 프로젝트 in 부산' 프로젝트를 개시했다. 서

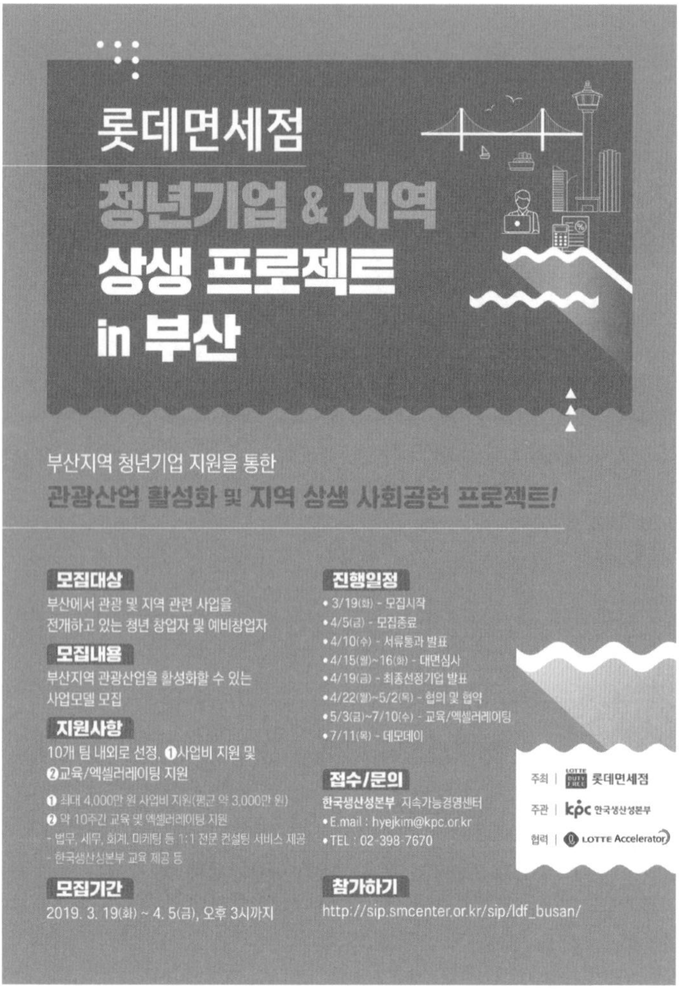

2019 롯데면세점 청년기업 & 지역 상생 프로젝트 in 부산 포스터.

류 심사와 인터뷰 등을 통해 부산 지역 관광 산업 활성화를 주제로 획기적인 사업 모델을 제시한 10여 팀을 선정해 사업비 지원은 물론 관련 컨설팅과 사업 개발 지원을 위한 일대일 멘토링 매칭 및 자문 서비스 등이 지원된다.

더불어 초기 벤처가 어려움을 겪는 경영, 회계, 세무 기초 교육 등 실질적 운영을 도울 수 있는 교육이 진행되며, 프로그램 종료 후에도 데모 데이를 개최해 추가 투자 유치의 기회를 제공하는 등 단기 투자가 아닌 청년 기업의 자립과 성장을 중장기적으로 도울 예정이다.

롯데면세점은 이번 프로젝트를 위해 5억 원의 사회 공헌 기금을 출연한다. 이번 사회 공헌 프로젝트는 영리 목적의 지분 투자나 융자 형태의 기존 창업 지원과 달리 100% 기부 형태의 지원으로 청년 기업의 경제적인 어려움을 해소해 안정적인 사업 운영 기반을 제공할 수 있을 것으로 예상된다. 이를 통해 부산 지역 내 일자리 창출, 지역 내 관광 산업 증진 등 지역 경제 활성화에도 이바지할 것으로 기대하고 있다.

2018년 10월에는 한국관광통역안내사협회와 업무협약을 맺고 우수 관광통역안내사를 육성하기 위한 사회 공헌 사업 '낙향팔도' 프로젝트를 개시했다.

롯데면세점은 2019년 4월 3일 서울 구로구에 위치한 동반성장위원회 중회의실에서 소상공인 상생 및 관광 편의 개선을 위한 업무협약식을 진행했다.

낙향팔도乐享美食는 '팔도를 즐겁게 누리다'라는 뜻으로 국내 관광통역안내사의 역량을 강화해 외래 관광객의 편의를 획기적으로 개선하는 사회 공헌 사업이다. 롯데면세점은 이 프로젝트를 통해 베트남어, 마인어말레이-인도네시아어, 아랍어 관광통역안내사의 육성을 지원하고 있으며, 기존 관광통역안내사를 대상으로 새로운 관광 코스 개발 및 현장 답사 교육의 기회를 제공하고 있다.

롯데면세점은 2018년부터 국내 주요 관광 지역 음식점 외국어 메뉴판 제작을 지원하는 사회 공헌 프로그램 '낙향미식' 또한 진행해오고 있다. '낙향미식乐享美食'이란 '즐거움을 누리는 아름다운 음식'이라는 뜻으로 롯데면세점이 국내 주요 관광지 음식점을 찾아 외국인 메뉴판을 제작해주는 관광 편의 개선 목적의 사회 공헌 프로그램이다.

첫 대상은 국내 최대 관광지 중 한 곳인 명동이었다. 명동관광특구협의회의 추천을 받아 외국인들이 많이 방문하는 음식점 11곳을 최종 선정하고, 임직원 재능 기부를 통해 가시성 높은 메뉴판 디자인 제작과 함께 메뉴판을 3개 외국어(영·중·일)로 번역 완료했다. 롯데면세점은 낙향미식 프로젝트를 부산 및 강남, 제주 지역뿐 아니라 해외 주요 관광지 내 한식당까지 확대해 관광 산업의 대표적 사회 공헌 프로그램으로 발전시키겠다는 각오다.

2019년 4월 4일에는 동반성장위원회와 MOU를 체결하고 소상공인 상생 지원과 관광 편의 개선을 위해 낙향미식 프로젝트를 확대 진행키로 합의했다. 이번 협약식을 통해 외국어 메뉴판 제작 지원은 물론 인테리어 등 환경 개선 지원, 음식점 컨설팅 진행 등이 지원될 예정이며, 롯데면세점의 마케팅 채널을 통한 음식점 홍보 지원 등 소상공인에게 실질적인 도움을 줄 것으로 기대하고 있다.

롯데면세점은 이외에도 메디힐장학재단과 함께 총 42개국 400여 명의 재한 외국인 유학생을 대상으로 국내 관광 체험을 지원하는 '롯데면세점-메디힐 글로벌 앰버서더', 롯데면세점 광고 모델들의 촬영 의상을 고객들에게 선물하고 고객들의 기부금은 사회에 전액 환원하는 '스타애비뉴 컬렉션Star Avenue Collection' 등을 통해 행복한 대한민국을 만들기 위한 사회적 책임을 이행하고 있다.

롯데면세점은 '레츠 필 코리아Let's Feel Korea'라는 슬로건 아래 국내 관광 산업 발전에 실질적으로 도움이 되는 다양한 사회 공헌 활동을 계속 펼쳐갈 예정이다.

세계 1위 면세점을 향해

롯데면세점은 해외점 및 현지 영업 사무소를 기반으로 다양한 한류 콘텐츠 발굴 및 적극 활용, 국내외 다채로운 기업들과 마케팅 제휴 등을 통해 브랜드 경쟁력 강화에 나서는 한편, 우리나라의 관광 산업 발전과 경제 활성화에도 이바지해 나갈 계획이며, 궁극적으로 세계 1위 면세점으로의 도약을 목표로 하고 있다.

롯데면세점은 2019년 현재 명동본점, 월드타워점, 코엑스점, 부산점 등 국내 8개 매장과 도쿄긴자점, 다낭공항점, 브리즈번공항점 등 해외 12개점, 그리고 온라인 면세점을 운영하고 있다.

회장
이경수

COSMAX
THE SCIENCE OF KOREAN BEAUTY

코스맥스㈜

학력

1966	경상북도 포항고등학교 졸업
1970	서울대학교 약학대학 약학과 졸업
1990	서울대학교 경영대학원 최고경영자과정 수료
2008	와튼-KMA 최고경영자과정 수료

경력

1973~1976	동아제약 마케팅팀
1976~1981	오리콤 AE
1981~1992	대웅제약 마케팅 전무이사
1992~현재	코스맥스㈜ 대표이사 회장
2007~2012	대한화장품협회 이사
2013~현재	대한화장품협회 부회장
2014	코스맥스그룹 회장(코스맥스비티아이, 코스맥스)

상훈

2001	보건복지부 장관 표창
2010	INNOVATION EXCELLENCE AWARD
2015	은탑산업훈장
2016	EY 최우수 기업가상
2018	UN 글로벌 경영 대상

COSMAX

THE SCIENCE OF KOREAN BEAUTY

세계 넘버원 헬스 & 뷰티 ODM 회사 코스맥스

코스맥스는 세계 1위 화장품 연구·개발·생산ODM, Original Development & Design manufacturing 전문 기업으로, 한국 화장품 기술의 우수성을 알리고 국내 화장품 기업의 해외 진출을 돕는 숨은 주역이다.

2018년 기준 코스맥스가 한국, 중국, 미국, 인도네시아, 태국 등에서 생산 가능한CAPA 수량은 약 17.7억 개로, 전 세계 70억 인구 중 4명 중 1명이 사용할 수 있는 수량이다. 이는 세계 화장품 ODM 업계에서 가장 큰 규모의 생산 수량이다. 국내외 600여 개 고객사와 함께 새로운 기술과 아이디어로 개발한 제품은 '메이드 인 코리아Made In Korea'라는 이름으로 세계 곳곳에서 한국의 미美를 세계로 전파하고 있다.

이경수 회장이 이끄는 글로벌 뷰티 업계의 강자 코스맥스는 자체 브랜드 없이 ODM 방식으로 제품의 개발·생산을 전문으로 하는 기업이다. ODM이란 코스맥스의 연구원들이 직접 신제품을 개발해 고객사에게 제안, 고객사의 브랜드로 최종 납품까지 진행되는 비즈니스를 말한다.

코스맥스의 2018년 연결 기준 매출액은 1조 2,597억 원을

코스맥스는 1992년 설립된 화장품 ODM 전문 기업이다.

기록했다. 이는 오로지 화장품 ODM으로만 일궈낸 매출이며 건강기능식품, 의약품을 포함한 그룹 매출은 약 1조 8,000억 원에 달한다.

해외 시장 개척의 선두 주자

코스맥스의 놀라운 성장은 창립 초기부터 강조해온 수출 우선 정책이 뒷받침된 결과다. 2005년 1,000만 달러 수출을 시작으로 2011년 2,000만 달러, 2015년 5,000만 달러 수출의 탑, 2016년 화장품 ODM 업계 최초로 1억 달러 수출의 탑도 수상했으며 2019년에는 2억 달러 수출도 가능해 보인다.

수출 지역은 화장품 산업의 본고장이라 할 수 있는 미국, 프랑스, 일본 등 100여 개국으로 업계에서 가장 많다.

코스맥스그룹 전체 매출에서 한국 고객사가 차지하는 비중은 약 38% 내외이며, 나머지 62%는 로레알, 존슨앤드존슨 등 글로벌 브랜드와 중국·동남아시아·미국·유럽 로컬 브랜드에서 나온다. 코스맥스한국 법인 전체 매출액에서 수출이 차지하는 비중은 약 30%로 업계에서 수출 비중이 가장 높다.

직접적인 해외 진출도 중국 상하이와 광저우, 미국, 인도네시아, 태국 등에서 괄목할 만한 성과를 내고 있다. 이 중 가장 눈에 띄는 곳은 바로 중국이다. 최근 중국의 경기 둔화 속에서도 상하이와 광저우의 이원화 정책으로 중국에서만 최근 14년간 매년 4~50%씩 성장하고 있다.

코스맥스차이나는 2018년 미국 FDA의 일반 의약품OTC 제조 공장에 대한 실사를 통과해 북미, 유럽 등 선진국 시장에 수출할 수 있는 발판을 마련했으며, 코스맥스광저우는 공장 증설을 완료하고 중국 화장품 ODM 넘버원 기업의 지위를 공고히 했다.

2019년 코스맥스가 가장 큰 관심을 가지고 있는 시장은 아

2004년 업계 최초로 중국에 진출한 화장품 ODM 기업인 코스맥스차이나.

중국 내 화장품 기업이 가장 많이 분포하고 있는 광저우 지역을 중심으로 최고 수준의 화장품을 연구 개발 생산하는 코스맥스광저우.

세안과 미국 시장이다. 아세안 시장은 2018년 코스맥스타일랜드 법인을 본격 가동하고 인도네시아 법인과 이원화해 동남아시아 시장 공략에 나선다.

특히 아세안 화장품 1위 시장인 태국에서 생산한 제품은 미얀마, 베트남, 라오스 등 동일 문화권으로 수출하고, 이슬람교도가 대부분인 인도네시아에서는 할랄 인증을 받은 화장품을 생산해 말레이시아 등 인근 이슬람 국가의 시장에 진출한다는 전략이다.

이경수 회장은 "동남아시아 지역은 한류와 '코리안 뷰티' 열풍이 강한 시장 중의 하나로 한국 화장품 기업의 진출이 활발히 기대되는 시장이다"며 "향후에는 태국뿐 아니라 베트남, 말레이시아 등 주요 국가에도 다양한 마케팅 활동을 펼칠 계획"이라고 밝혔다.

미국 법인의 경우 코스맥스USA와 누월드의 기초와 색조 생산 제품의 이원화로 미국 내 경쟁사 대비 최고의 기술력을 보유했다. 실제 생산 과정에서의 품질 관리와 정확한 납기 준수를 통해 다름의 서비스를 제공하는 콘셉트로 포지셔닝할 예정이다.

세상을 바꾼 사과 3개의 정신, 바름·다름·아름

코스맥스의 글로벌 개척의 근간이 되는 것은 '바름, 다름, 아름'으로 정의되는 '사과 3개'의 정신이다.

첫 번째 사과인 '바름'은 인간에게 선과 악을 가르쳐준 '이브의 사과'로 투명하고 원칙과 룰을 지키는 정직한 기업을 나타낸다. 이는 고객과 사회와의 약속을 지키는 기업으로 '존중'과 '성실'을 핵심 가치로 한다.

두 번째 사과인 '다름'은 항상 연구하는 자세를 상징하는 '뉴턴의 사과'다. 창의적인 아이디어로 끊임없는 혁신을 이루는 기업으로 '창의·혁신'과 '프로페셔널리즘'을 핵심 가치로 한다.

세 번째 사과인 '아름'은 그리스 신화에 나오는 파리스가 미의 여신 아프로디테에게 바쳤다는 미를 상징하는 '아름다움의 사과'로 세상을 아름답게 하는 기업을 의미한다. 아름다움과 건강을 통해 행복과 나눔을 구현하며 '환경 경영'과 '나눔 경영'을 추구한다.

이처럼 코스맥스가 업계의 선두 주자로서 성장할 수 있었던 비결은 품질 우선주의를 강조한 덕분이다. 누구나 믿고 사용할 수 있는 제품을 개발하고 고객사에 가장 좋은 제품을

미국 오하이오주에 위치하고 있으며 연간 약 1억 7,000만 개 CAPA의 제품을 생산할 수 있는 코스맥스USA.

공급하는 것이 코스맥스가 제공하는 '다름의 서비스'라고 할 수 있다.

이경수 회장은 이를 위해 '혁신'과 '스피드'를 항상 강조해왔다. 고객을 위해 혁신적인 제품을 개발하고, 고객이 원하는 것을 먼저 제안하는 스피드가 세계 시장에서 남과는 다른 코스맥스만의 차별점이 된다는 얘기다.

최고의 품질로 누구나 믿고 쓸 수 있는 제품을 만드는 연구소

코스맥스 연구소는 코스맥스의 핵심 가치인 창의·혁신,

기존 로레알 공장의 스킨케어, 메이크업 설비를 보완해 연간 1억 1,000만 개 규모의 제품을 생산할 수 있는 코스맥스인도네시아.

프로페셔널리즘의 정신을 강조하고 실행한다는 의미의 R&I(Research & Innovation)센터로 불린다. 최고 수준의 품질, 누구나 믿고 사용할 수 있는 제품을 개발하기 위해 각 분야별로 전문화된 연구 조직을 운영하고 있다.

코스맥스의 R&I센터의 가장 큰 특징은 스킨케어와 메이크업 분야를 구분해 운영하는 대부분 업체들과 달리 스킨케어와 메이크업 부서를 통합해서 운영하고 있다는 점이다. 스킨케어, 메이크업 등의 제형을 하나의 조직인 랩(Lab)으로 구성해 연구함으로써 신제형 기술 및 혁신적인 융합 제품을 개발하고 있다.

한국 판교R&I센터는 총 3개의 R&I센터(스킨케어, 메이크업, SRE)와 13개의 랩, 28개의 팀, 연구경영실로 운영된다. 코스맥스비티아이이는 별도의 연구 조직을 운영하면서 CMCosmetic Material랩과 CM팀, 천연소재연구 2팀을 신설해 원천 기술 연구를 강화하고 있다.

글로벌 기술 경쟁력 확보를 위해 해외 법인 연구소와의 협력도 강화했다. 중국, 미국 등 해외 법인의 연구소와 협업해 기반 기술은 한국의 R&I센터에서 지원하고, 해외 법인 연구소에서는 현지 특성에 맞춘 제품을 개발해 글로벌 시장을 공략하고 있다.

아울러 연구·개발R&D 투자 확대를 통해 혁신적인 신제품을 지속적으로 선보이고 가격 경쟁력을 높여나가는 것은 물론, 최종 소비자에게 쉬운 언어로 전달할 수 있는 대對 고객 커뮤니케이션도 강화할 예정이다.

품질 관리의 세계화를 향해

코스맥스는 남보다 앞선 품질 관리를 통한 세계화에도 집중

2017년 6월 코스맥스타일랜드 법인을 설립하고 인도네시아 법인과 이원화 체제로 동남아시아 시장을 공략하고 있다.

해왔다. 1998년 CGMP 인증을 획득했고, ISO 22716국제 화장품 GMP, ISO 9001품질 경영, ISO 14001환경 경영, OHSAS 18001보건 안전 경영과 ECO-CERT유기농 화장품 인증 등 화장품 제조 및 품질 관리 인증을 모두 획득했다.

이어 미국 FDA, 캐나다 보건국Health Canada에 화장품 및 OTC를 등록하고 국제 할랄MUI 인증, 비건VEGAN 인증을 국내 업계 중 유일하게 받았다. 이는 국가별 필수 요건을 충족시키는 기업임을 증명하며, 글로벌 표준 선점을 통해 국내 고객사의 해외 진출을 위한 직접적인 연결 고리가 되고 있다.

이경수 회장은 "품질 경쟁력을 높여 새로운 성장 체제를 구축하고 끊임없는 변화와 혁신을 통해 코스맥스의 새로운 역사를 써나갈 것"이라며, "특히 세계적인 글로벌 화장품 기업들도 혁신의 중요성을 인식하고 지속 성장을 추구하고 있기 때문에 우리도 발맞춰 동참하고 있다"고 거듭 강조했다.

지속적인 신시장 발굴과 수출 증가를 위해 코스맥스는 세계 각국에서 개최되는 주요 전시회에 꾸준히 참가하고 있다. 이를 통해 혁신적인 신제품에 관심이 있는 여러 나라의 고객사와 직접적인 교류를 진행함으로써 각 나라의 기후에 맞는 맞춤형 제품을 소개했다.

특히 상하이 박람회, 이탈리아 볼로냐 박람회, 메이크업 인 파리, 뉴욕, 서울 전시회 등에 참가해 글로벌 시장에서 신제품을 꾸준히 선보이고 있다. 코스맥스만의 우수한 기술력을 선보이는 범위와 횟수를 매년 늘려가고 있으며 현지 업체를 대상으로 제품 설명회를 개최해 찬사를 받고 있다.

고객 가치 창조를 위해 코스맥스그룹의 도전은 계속 된다

이경수 회장은 2019년 목표를 달성하기 위한 경영 키워드로

'현지화로 세계화하자', '고객과 하나가 되자', '우리만의 것을 만들자'를 제시했다.

먼저 '현지화로 세계화하자'는 코스맥스가 진출한 모든 국가에서 뿌리를 내리고 열매를 맺기 위해서는 철저한 현지화를 이뤄야 한다는 의미다. 한국에서 개발한 상품을 단순히 소개하는 데 그치지 않고, 한국의 DNA를 지니고 있으면서도 현지화된 혁신 제품을 선보여야 한다는 얘기다.

'고객과 하나가 되자'는 고객의 입장에서 생각하고 행동하는 자세를 강조하기 위해 선정됐다.

특히 '고객 중심'을 최우선으로 하는 코스맥스의 철학이 담긴 '제조업자 브랜드 개발 생산OBM' 사업을 더욱 확대할 예정이다. 브랜드 제안부터 제품 개발 및 생산, 마케팅까지 원 스톱 솔루션으로 제공하는 OBM 서비스는 2018년 해외에서 성과를 내기 시작했고 2019년 본격적인 제품이 출시된다.

마지막 키워드인 '우리만의 것을 만들자'는 외부에서 인정하는 독창성을 지녀야 한다는 뜻을 담았다.

이경수 회장은 "세계 화장품 시장은 R&D 전략이 회사 성장을 판가름하는 핵심 요인"이라며 "끊임없는 변화와 혁신을 통해 우리만의 경쟁력을 확보하고 기술 중심 회사로 발전해

틈새시장을 적극적으로 공략하겠다"고 했다.

이 같은 발걸음에서 확인할 수 있듯 코스맥스는 새로운 시장 개발 및 지속적인 성장 포트폴리오를 통해 대한민국을 넘어 세계에서 인정받는 화장품 제조업체의 위상을 실현하며 해외 시장 개척의 선두 주자로 한 발 더 다가서고 있다.

회장
이동재

문구 편의 Shop -
Alpha
www.alpha.co.kr

알파㈜

학력

1996	중앙대학교 경영대학원 중소기업 경영자과정 수료

경력

1971	알파문구사 설립
1971~현재	알파㈜ 대표이사
1987	알파문구센터㈜ 법인 전환 대표이사
1992	전국문구협동조합 이사
1997	알파 전국 체인점 협회 회장
1998	남원고등학교 장학재단 이사
2006~현재	연필장학재단 이사장
2010~현재	한국문구인연합회 이사장

상훈

2000	한국능률협회 프랜차이즈 우수 업체
2001	한국 프랜차이즈대상 우수 브랜드상
2002	산업자원부 장관상
2004	우수납세자 국세청장상
2006	제33회 상공의 날 '대통령상' 수훈
2009	제36회 상공의 날 '산업포장' 수훈
2011	한국유통대상 지식경제부 장관상(유통효율혁신부문)
2013	세종대왕 나눔 대상 서울특별시장상
2015	한국유통대상 산업자원부 장관상(지역경제활성화 부문)
2018	대한민국 글로벌 리더 5년 연속 수상
	한국유통대상 산업자원부 장관상(상생협력부문)
2019	대한민국 100대 프랜차이즈 기업 8년 연속 선정

문구 편의 Shop-

Alpha

www.alpha.co.kr

생존 지속 성장 정책

– 3대 일간지 필독(지식 습득) –

2019 달 성

• 타깃 & 전문 상품 개발
(이익률 30% 이상)

• 물류 전산정보 시스템
(Data Base 化)

• 조직 구조 효율화
(5.3.2 전략)

• 브랜드 디자인 매뉴얼
(Concept 기획)

• 체인점 동반 성장 주도
(차별 & 특징 매장)

• 글로벌 파트너 확대
(해외 진출 성장)

전문성
(특징)

MULTI
(함께)

기능성
(효율)

Alpha Mall | Alpha | POSGY | Mtape | Artmate | TOY Alpha | Alpha水 | NeCe | 연필장학

알파 마인드셋알파의 정의을 통한 문구 가치 창출

문구는 삶을 윤택하게 만들어가는 중요한 매개체임을 우리 모두가 잘 안다. 역사적으로 볼 때 문구는 읽고, 쓰고, 말하는 과정에서 창의력과 소양을 쌓아가는 토대가 되어왔다. 이처럼 문구는 세상의 올바른 이치를 깨우치고 미래의 가치를 만들어가는 지식 기반 산업으로 발전을 거듭해왔다.

즉, 문구를 잘 활용하는 사람은 미래 가치를 만들 수 있는 훌륭한 리더가 된다는 것이다. 이처럼 문구는 미래를 개척해 나가는 데 중요한 기반 산업이면서도 밥상 위의 간장 같은 역할을 한다. 이러한 명제 진리를 누구보다 열정적으로 실천해 온 이가 바로 알파㈜ 이동재 회장이다.

이 회장은 문구의 미래 가치를 조망해볼 때, 문구는 '도구'적인 측면에서는 '언어 표현의 완성체'가 될 것이고, '산업'적인 측면에서는 사회 지식의 기반으로 자리 잡을 것이며, '생활'적인 면에서는 라이프 스테이션을 완성해나가는 기폭제가 될 것이고, '개발'적인 면에서는 자신의 완성도를 높여나가는 가치 있는 매개체가 될 것이라고 힘주어 말한다. 즉, 과거 학습 위주의 '연필'은 진화 과정을 거쳐 IT 기기를 컨트롤하는

'스마트 펜'으로 변모해 첨단 산업의 초석이 되었다. 쓰고, 읽고, 메모하는 문구의 기능은 산업의 발달과 함께 변화 과정을 거쳐 '스마트폰'이라는 최첨단 문구를 만들어내게 된 것이다. 이처럼 문구는 산업 격동기의 소용돌이에서도 변화와 혁신을 통해 가치를 만들어가며 사회 깊숙이 뿌리를 내려오고 있다.

하지만 최근에는 문구가 사양 산업이라고 말하는 이들도 있다. 이것은 잘못된 생각이다. 문구는 격동기를 거쳐오면서 변화와 혁신을 통해 그 범위를 확장해왔고 사회적 역할을 키워왔다. 그 과정에서 문구 프랜차이즈가 생겨났고 대형 문구점과 전문 형태의 차별화된 문구점들도 새롭게 탄생했다.

다만, 오늘날 같은 최첨단 시대와 치열한 경쟁을 해야 하는 환경에서는 '생존' 지속 성장을 위한 정책이 현실화되어야 한다.

첫째, 개개인 스스로가 자기 개발 학습을 할 필요가 있다. 즉, 일간지 필독을 통해 견문을 넓히는 노력이 있어야 한다.

둘째, 회사 이익률 개선을 위한 뚜렷한 목표와 노력이 전제되어야 한다. 이제는 무조건 매출만 우선시하는 시대는 지났다. 경영 전략에서 이익률을 우선시하려면 매출과 투자비용에 대한 안전하고 스마트한 사고가 뒷받침되어야 한다.

셋째, 차별화된 상품 개발과 크리에이티브Creative한 디자인 전략이 필요하다. 최근의 시장 트렌드는 소비자만이 가질 수 있는 퍼스트First, 베스트Best 상품이 인기를 누리고 있고 독특한 디자인과 개성이 넘치는 차별화된 상품이 시장을 지배하고 있다. 이 트렌드를 잡지 못하면 시장 경쟁에서 밀릴 수밖에 없다.

넷째, 물류와 사업부 간의 정보 공유와 시스템 연결이다. 최근 소비자는 마켓컬리 새벽 배송 유통 채널처럼, 퀄리티를 동반한 빠른 배송을 원하기 때문에 사업부와 물류 시스템 간의 체계적인 네트워크가 무엇보다 중요하다.

다섯째, 홍보 마케팅 전략이다. 요즘은 광고가 중요한 게 아니다. 소비자의 감성을 끌어낼 수 있는 매개체가 더 중요하다. 따라서 SNS를 통한 소비자와의 지속적인 커뮤니티가 필요하다. 이런 관점에서 홍보와 마케팅이 전개되어야 한다. 이러한 생존을 위한 지속 성장 정책이 현실화되고 실천된다면 문구 산업의 미래는 밝다고 본다.

문구의 역사와 가치 재조명: 문구Art박물관 개관 1주년

옛날 어른들이 사용하던 학용품부터 연필이 만들어지는 과정까지, 평소 궁금했던 문구에 대한 궁금증을 해결하고 국내 문구 산업의 변천사와 주요 문구 업체들의 역사도 한눈에 볼 수 있는 문구Art박물관이 서울특별시 남대문에 정식 개관한 지 1년이 흘렀다. 문구Art박물관은 국내 최초의 공식 문구 박물관이다. 귀중한 문구 관련 자료와 다양한 전시품을 통해 문구의 과거와 현재, 미래를 연결하며 문구가 전해주는 소중한 가치와 메시지를 되새겨볼 수 있는 유일한 장소이기도 하다.

문구Art박물관은 옛 문구와 희귀한 한정판 문구, 생활과 관련된 다양한 전시물을 통해 문구의 역사와 가치를 재조명하고 문구 업계 종사자를 비롯해 문구를 아끼고 사랑하는 일반인들이 문구의 과거, 현재, 미래를 공유하기 위해 개관한 국내 최초의 문구 전문 박물관이라고 할 수 있다. 메인 전시실과 갤러리에 마련된 제2전시실 등 2개의 전시실로 구성된 박물관에는 개인 기증자와 문구공업협동조합, 주요 문구 업체 등을 통해 기증받은 1,000여 점의 소장품이 빼곡히 전시되어 있다. 1950년대부터 현재까지 문구 역사의 흐름을 한눈에 볼 수 있는 귀중한 문구 자료들이 가득하다. 옛날 타자기, 주판, 악기 등 추억을 불러일으키는 소품들도 전시되어 있다. 특히 모나미, 알파, 동아연필 등 오랜 전통을 지닌 문구 업체들과 컬래버

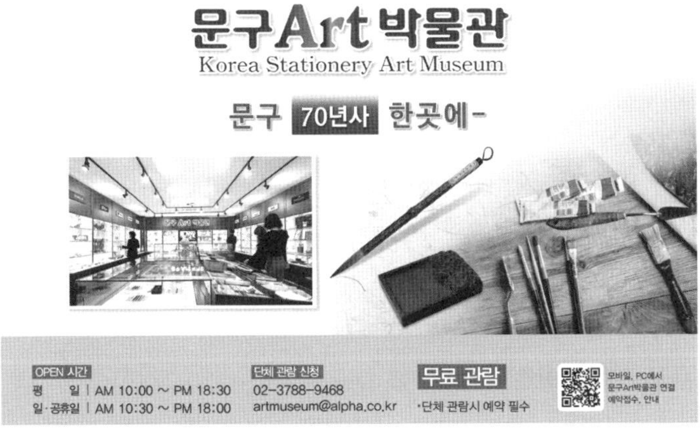

문구Art박물관은 국내 최초의 공식 문구 박물관이다.

레이션으로 제작된 전시대에는 각 업체의 대표 제품과 브랜드 히스토리를 알아볼 수 있는 자료도 충실하며, 한정판 문구나 각종 스페셜 에디션을 만나보는 귀한 체험도 가능하다.

한쪽에 마련된 갤러리에는 1970~1980년대 문구점 사진이나 문구 생산 공장의 풍경, 신문 잡지에 게재된 문구 광고 등이 전시되어 풍부한 볼거리를 제공한다. 아이들에게는 신기한 옛날 문구를 구경하는 기회를 제공하고, 어른들에게는 옛 향수를 떠올리며 추억에 잠길 수 있는 시간을 주는 고마운 존재이자 국내의 손꼽히는 문화 명소로 자리매김할 것이다.

문구Art박물관은 옛날 문구 제품을 모아놓은 단순한 박물관이 아니다. 시대적 의미를 담고 있는 독특하고 특징적인 소장품과 다양한 상품 전시를 통해 문구 가치의 본질을 더 높이고, 현대 생활에서 요구되는 삶의 질을 풍요롭게 만드는 데 일조하는 '문화 콘텐츠 박물관'으로서의 기능을 충실히 갖추고 있다는 점이 여타 박물관과 차별화되는 가장 큰 특징이다.

문구 프랜차이즈의 리더

알파 이 회장이 이룩한 가장 큰 업적 중 하나는 무엇보다 문구 프랜차이즈 도입으로 문구 산업의 패러다임을 견고하게 구축한 것에 있다고 할 수 있다. 이 회장은 1971년 남대문에 알파본점을 설립하고, 1987년 국내 최초로 문구 프랜차이즈를 도입했다. 알파는 2019년 5월 현재 전국 750여 개의 가맹점을 보유한 대한민국 대표 문구 프랜차이즈 기업으로서 7만여 품목의 다양한 상품을 온오프라인 시장에 유통하며 국내 최대의 문구 생활 종합 유통 프랜차이즈로 성장해왔다.

이 회장이 문구 프랜차이즈를 도입할 당시만 해도 시장 상황은 하루가 다르게 변하고 있었다. 대형 할인점의 등장으로 완구점이 문을 닫았고, 대형 서점의 등장으로 작은 서점들이 문을 닫는 등 문구 업계 역시 불확실성에 노출돼 있었다. 이 회장은 "문구점이라 해서 결코 안정적이라고 장담할 수 없었다. 언제 사양 산업으로 내리막길을 걷게 될지 알 수 없다고 판단, 생존을 위한 차별화 전략으로 '문구 프랜차이즈'를 도입했다"고 설명했다. 프랜차이즈 도입 초창기에는 알파가 구축해온 신뢰 하나만으로도 살아남을 수 있었다. 제품에 이상이 있을 때 영수증만 있으면 전액 현금으로 환불해주었고, 주문한 상품을 빠른 시간 안에 받아볼 수 있도록 직접 발로 뛰며 배송을 해줬기 때문이다. 하지만 그마저도 눈에 띄게 변하는 시장 상황에서 버팀목이 되어주지는 못했다. 이 회장은 이번에는 '시장 통합' 전략을 세워 문구부터 전산, IT, 생활용품, 식음료를 망라하는 '문구 편의 숍SHOP' 모델을 구축하며 정면승부를 띄웠다. 문구 프랜차이즈에 이어 문구와 오피스, 생활영역을 하나로 연결하는 새로운 모델 숍을 제시한 것이다.

또 모든 프랜차이즈 매장에 포스POS를 도입하며 시스템의 혁신도 꾀했다. 소비자 대응력을 높일 수 있도록 포스 시스템을 기반으로 전국의 체인점과 본사 간의 네트워크를 연결시켜 가격의 오차를 줄이고 운영의 투명성을 증대시킨 것이다.

이러한 '창조적 변화와 혁신'은 수년간 대한민국을 대표하

알파는 대한민국 대표 문구 프랜차이즈 기업으로서 7만여 품목의 다양한 상품을 온오프라인 시장에 유통하며 국내 최대의 문구 생활 종합 유통 프랜차이즈로 성장해왔다.

는 문구 산업의 대명사로 알파를 장수하게 하는 원동력이 됐다. 이동재 회장은 "어떠한 환경 속에서도 문구가 롱런할 수 있도록 문구 산업의 체질을 개선하는 데 힘썼다"며 "그것이 국내 문구 산업을 위해 알파가 해나가야 할 중요한 사명"이라고 말한다.

신新문구 가치 창출 서비스화

이동재 회장은 문구 편의 숍을 모토로 미래에 대한 가치 추구와 인재 양성, 효율적 관리 등을 기반으로 내실 다지기에 주력하며 외형을 키워왔다.

오프라인 매장을 기반으로 외환 위기가 한창이던 1999년, 매장을 이용하기 어려운 고객의 라이프 사이클을 고려해 온라인 쇼핑몰 알파몰www.alpha.co.kr을 오픈했다. 또한 B2B, MRO 시스템을 도입해 전반적인 문구 유통의 혁신을 꾀했다.

문구 업계 최대 물류 인프라를 구축해 당일 및 익일 배송 체제를 확립한 것도 그가 이룩한 괄목할 만한 성과다. 온라인 주문과 관련, 가맹점주의 매출 향상도 고려했다. 알파몰에 '관리 체인점'으로 등록하면 주문 상품에 대한 권역 배송을 함으로써 여기서 발생하는 실질 수익을 체인점에 배분하는 상생 구조를 정립한 것이다. 덕분에 고객은 가맹점이 문을 열고 있는 오전 8시부터 오후 8시까지 가까운 가맹점을 통한 배달 서비스를 지원받을 수 있게 됐다. 또한 세미나, 워크숍 등 한꺼번에 대량 주문이 필요한 상황에도 물품을 행사장까지 안전하고 편리하게 배송 받는 서비스를 지원받게 됐다. 이 밖에 이 회장은 최근 소비자의 다양한 수요 접근에 부합하도록 업계 최초로 모바일 서비스를 구축, 스마트 쇼핑을 가능케 했다.

이와 더불어 알파는 경쟁력 제고를 위해 자체 브랜드를 개

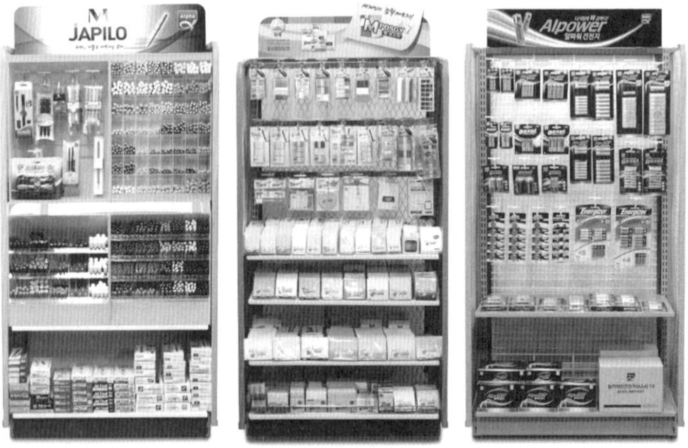

알파는 품질과 디자인이 우수한 제품을 고객에게 저렴하게 제공하기 위해 상품 개발에도 적극 나서고 있다.

발하는 데 주력해왔다. 3,000여 가지에 이르는 PB 상품 라인업을 구축하는 성과를 이룩해냈다. 품질과 디자인이 우수한 제품을 고객에게 저렴하게 제공하기 위해 상품 개발에도 적극 나섰다. 그 결과 대표 PB 상품으로 점착 메모지인 엠포스지M-POSGY와 엠테이프M-TAPE, 전문 미술 재료 아트메이트Artmate, 럭셔리 브랜드 네쎄NeCe, 지능 학습 개발 토이 알파Toy Alpha, 몸이 사랑하는 물 알파수水 등 다채로운 브랜드 상품이 출시됐다. 특히 점착 메모지 엠포스지는 글로벌 시장을 겨냥해 출시한 야심작으로 우수한 품질과 디자인을 인정받아 중소기업청장상 4회(2013, 2015, 2017, 2018), 산업통상자원부장관상(2014) 등 5년 연속 신제품경진대회 수상의 영예를 안기도 했다.

엠포스지와 엠테이프는 2017년 한국산업진흥원에서 선정한 '서울시 우수중소기업상품'으로 선정되어 '우수 상품 인증 마크'와 '혁신 상품'으로 소비자에게 선보이고 있다.

2019년 현재 알파는 매월 15개가량의 자체 상품을 선보이고 있다. 이러한 PB 상품 개발은 영세한 국내 문구 제조 사업자에게는 생산 기회를 제공해 안정된 수급과 자금 회전률을 높여준다는 점에서 높이 평가받고 있다.

이렇듯 이 회장은 제조와 유통이 유기적으로 결합된 독특한 경영 전략을 통해 문구 산업 전반에 걸쳐 긍정적인 영향을 끼치고 있다. 또 이러한 막강한 브랜드 파워를 토대로 해외 시장 진출에도 박차를 가할 계획이다. 현재 알파는 베트남, 미얀마, 몽골, 두바이, 세네갈, 아프리카 등에 제품을 수출하고 있으며 점차 그 지역을 확대해갈 예정이다.

미술 재료 전문 브랜드 아트메이트

알파의 미술 재료 종합 유통 브랜드인 아트메이트가 미술 재료를 비롯한 모형 재료, DIY, 인테리어 용품 등을 전문 유통 시스템으로 재구성해 온오프라인 종합 할인점의 새로운 모습으로 선보였다.

아트메이트는 국내뿐 아니라 글로벌 시장 경쟁력을 타깃으로, 'K-문구'를 대표하는 미술 전문 브랜드 상품을 비롯해 국내외 유명 제품 5만여 상품을 한곳에 모았다. 특히 화방 제품에만 국한되어 있던 기존의 시스템을 혁신해 미술 재료와 취미, 힐링 상품 등을 보강해 현대적인 삶의 문화 창작 예술 활동을 가능하게 만들었다. 다양하고 섬세한 소비 패턴에 맞춰 유형별 카테고리 상품으로 구성해 복잡하고 어려웠던 상품 구매 시스템에도 편의성을 더해 만족도를 높였다.

알파의 차별화된 행보는 이뿐만이 아니다. 미술 재료 종합 유통 브랜드 전문 카탈로그를 만들어 B2B, B2C 고객을 비롯해 예술계 학교, 단체, 마니아 등 다양한 업계에서 온오프라인으로 편리하게 이용할 수 있도록 해 위축된 화방 시장에도 새로운 활기를 불어넣는 동시에 생산과 유통이 함께 성장하는 상생의 장을 마련했다.

이 밖에도 알파 중부 물류(대전) 아트메이트 체험 라운지 공간에는 전문 작가들이나 미술 관련 동호인들이 정보 교환

everything
Artmate
www.artmate.co.kr
국내 최대 상품구성 - 방문을 환영합니다! 견학체험실 운영!
미술재료, 모형, DIY, 인테리어소품 종합유통
온·오프라인 특별서비스!
Artmate
미술재료 전문유통 everything
www.artmate.co.kr

알파의 미술 재료 종합 유통 브랜드인 아트메이트가 미술 재료를 비롯한 모형 재료, DIY, 인테리어 용품 등을 전문 유통 시스템으로 재구성해 온오프라인 종합 할인점의 새로운 모습으로 선보였다.

및 티타임을 즐기면서 쇼핑도 할 수 있는 커뮤니티 공간과 테스트 존TEST ZONE을 함께 제공해 맞춤형 쇼핑이 가능하다.

즉, 온라인 마켓에서는 보기 힘들었던 미술 재료를 직접 본후에 구입할 수 있도록 시스템에 변화를 줬다. 이는 미술 재료 전문 숍으로서는 최초의 시도로 업계 및 관계자들로부터 호평을 받기에 충분하다.

문구업계의 미래 선두 매거진 〈Mungu Style〉

이동재 회장은 안으로는 알파의 내실을 다지고 밖으로는 문구인의 권익 향상을 위해 공헌해왔다. 1992년 전국문구협동조합 이사를 시작으로, 2010년부터 2014년까지 한국 문구 업계를 대변하는 (사)한국문구인연합회 이사장으로서 문구 전문 월간지 〈Mungu Style〉 발행을 통해 최신 문구 시장 동향 등 문구 산업을 홍보하는 데 앞장서왔다. 국내 문구 소매점, 문구 유통 업체, 문구 도매 업체, 문구 생산 업체를 비롯한 관공서, 학교, 기업 등에 매월 1만 부 정도 무상 배포하는 〈Mungu Style〉은 문구 업계 최고의 대변지로 평가받고 있다.

사회 공헌 실천의 연필장학재단

이동재 회장은 "나눔의 실천은 인류가 발전하는 것"이라고 늘

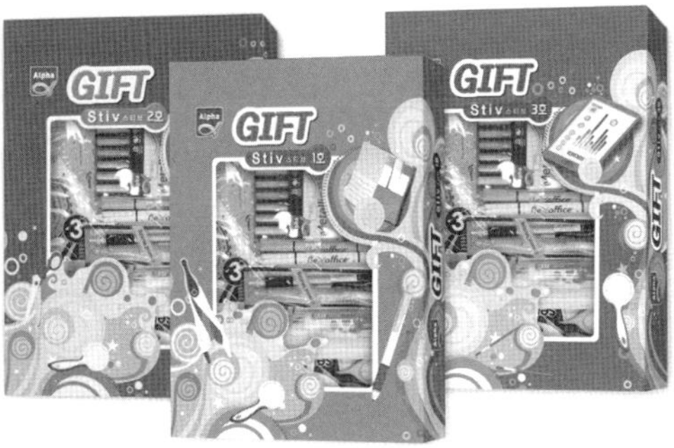

문구 전문 기업 알파는 신학기를 맞아 학생들이 학부모를 졸라 지갑을 열 만한 스티브 문구 선물 세트와 인기가 높은 학용품을 선보였다.

강조한다. 이 회장의 나눔 정신은 알파의 역사에도 고스란히 녹아 있다. 현재의 알파를 있게 한 남대문 알파본점은 1970년대 남대문 주변 상인들에게 수돗물과 화장실 개방을 시작으로 상생의 정도를 걸어왔다. 2009년부터 본점 내에 '알파갤러리'를 오픈해 어려운 환경 속에 작품 활동을 하는 신진 작가들에게 무료 전시 기회를 제공하고, 매장을 방문하는 고객에게 무료 관람의 기회를 제공하고 있다.

2006년 설립한 연필장학재단은 그가 일궈낸 사회 공헌 활동의 집약체다. 자신의 몸을 깎아 더 나은 미래를 열어주는 연필의 희생과 봉사 정신을 담는다는 취지로 연필장학재단 초기에는 직원들이 점심 한 끼를 줄여서 후원금을 마련하는 것으로 출발했다. 현재는 체인점, 협력체, 고객들이 보탠 작은 정성을 모아 중고등학생을 대상으로 연간 3억 원가량의 장학금을 지원하고 있다. 2007년부터 지원 대상을 확대해 외국인 유학생들에게도 장학금의 기회를 제공하고 있다. 2019년 5월 현재까지 500여 명이 지원을 받았다. 앞으로 10만 회원 모집을 목표로 하고 있다.

문구인의 지식 함양과 창업 비전 등을 교육하는 '문구유통사관학교'도 알파가 실천하는 또 다른 사회 나눔 활동이다. 알파 가족 사원과 가맹점, 창업 희망자를 대상으로 경영과 경제 지식, 마케팅 영업 전략, 창업의 기본 요건 등을 교육한다. 문구유통사관학교를 통해 알파는 매년 우수 인력을 배출하고 있는데, 경영 이론뿐 아니라 문구 프랜차이즈 경영에 필요한 실질적인 현장 교육을 제공해 인기가 높다.

이동재 회장은 이처럼 다채로운 사회 나눔 활동을 지속하고 있으며, 그 공로를 인정받아 2005년 중소기업유공자 국무총리 표창, 2006년 대통령 표창, 2009년 산업포장 훈장을 수여 받았다. 하지만 이동재 회장은 이에 안주하지 않고 앞으로도 문구인으로서 더 큰 그림을 그려나갈 계획이다. 뿌리가 튼튼해야 나무가 제대로 가지를 뻗고 많은 과실을 기대해볼 수

이동재 회장은 "나눔의 실천은 인류가 발전하는 것"이라고 늘 강조한다. 사진은 아름다운가게에 기부금을 전달하는 모습이다.

있는 것처럼, 생산과 유통 전반이 화합·상생하는 방안을 강구함으로써 문구 산업 발전의 시너지를 배가할 계획이다.

저성장, 저출산, 대기업과 다국적 기업의 상권 영역 침범 등의 '뉴 노멀' 생존 경쟁 시대를 맞이해 중소기업은 여러 면에서 위기에 내몰리고 있다. 안간힘을 다하고 있지만 기존의 사고 체계로는 미래 가치를 만들어내기가 쉽지 않다. 따라서 다양한 분야를 자유롭게 넘나들며 정통성을 기반으로 한 새로운 융합적인 사고思考를 해야 새로운 경쟁력이 생긴다. 그래야 문구인의 미래는 더욱더 밝은 내일이 보장된다고 확신한다.

이사장
이상직

KOSME
중소벤처기업진흥공단

중소벤처기업진흥공단

학력

1981 전주고등학교 졸업

1989 동국대학교 경영학 졸업(학사)

2005 고려대학교 경영학 졸업(석사)

경력

이스타항공그룹 회장

㈜케이아이씨 회장

삼양감속기㈜ 회장

전북대학교 초빙교수

전주대학교 객원교수

원광대학교 객원교수

중앙대학교 행정대학원 객원교수

제19대 국회의원(정무위원회, 예결위원회)

대통령 직속 일자리위원회 위원

중소벤처기업진흥공단 이사장(현재)

상훈

2018 2018 대한민국 생산성 최고경영자(CEO) 대상(한국생산성학회)

2019 2018 블라인드 채용 우수기관 고용노동부 장관상(고용노동부)

한국고무학회 CEO 경영대상(한국고무학회)

2019 한국경영학회 최우수경영대상(한국경영학회)

KOSME
중소벤처기업진흥공단

대한민국 중소기업의 영원한 동반자, 중소벤처기업진흥공단

1960~1970년대 산업화와 근대화를 추진하며 대기업을 중심으로 비약적인 경제 성장을 이룬 대한민국. 1970년대에 들어서면서 설비의 과잉, 기업 간 격차 심화, 만성적인 무역 불균형 등 고속 성장의 문제점이 드러나면서 정부는 대기업 육성만으로는 경제 발전에 한계가 있다고 판단, 중소기업 종합 지원 기관 육성을 통해 중소기업 육성에 나서기 시작했다. 이런 취지로 '중소기업진흥법 제16조'에 의거해 1979년 1월 30일 중소벤처기업진흥공단이 설립되었다.

설립 당시 정원 199명, 자산 규모 261억 원이던 중소벤처기업진흥공단이 지금은 정원 1,347명, 자산 규모 18조 원으로 성장했다. 인원은 약 6.5배, 자산은 약 690배가 됐다.

중소벤처기업진흥공단은 40년 동안 중소기업의 든든한 동반자로서 정부의 중소기업 지원 시책을 성실하게 집행하며 우리 경제의 고난과 역경을 함께 헤쳐왔다.

현장에서 중소기업 애로 사항 원스톱으로 해결

중소벤처기업진흥공단은 설립 초기 중소기업 근대화, 협동화, 연수 등을 중점 지원하며 육성의 발판을 마련했다. 그 후로는 정책, 자금 수출·마케팅, 인력 양성, 기술 등으로 지원 분야를 넓혔다. 2019년 5월 현재 전국 31개 지역 본지부, 5개 연수원, 22개 해외 센터를 운영하며 현장 밀착형으로 대한민국 중소·벤처기업을 돕고 있다.

중소벤처기업진흥공단은 2018년 3월 제17대 이상직 이사장이 취임한 후 '중소기업에 희망을, 벤처기업에 날개를, 청년들에게 일자리와 꿈을' 주는 기관으로 변모하고 있다.

문재인 정부 들어 중소벤처기업부가 출범하면서 중소벤처기업을 중심으로 경제 정책 기조가 변화됨에 따라 중소벤처기업진흥공단도 중소벤처기업의 혁신 성장을 지원하는 기관으로서 거듭나고자 2019년 4월, 창립 40주년 만에 기관명을 중소기업진흥공단에서 '중소벤처기업진흥공단'으로 변경했다. 혁신 성장, 공정 경제 생태계 조성, 사람 중심 일자리 창출이라는 정부 3대 국정 철학과 핵심 정책의 성공적 이행을 위해 조직과 사업을 끊임없이 혁신하고 있다.

2019년 8월 시애틀에 첫 글로벌혁신성장센터가 문을 열 예정이다.

중소벤처기업진흥공단은 '중소기업창업및진흥기금'을 직접 관리·운영하는 기금 운용 주체로서 정책 융자 사업을 활발하게 수행하며 중소벤처기업의 자금 조달을 돕고 있다. 2018년 약 4조 4,000억 원의 정책 자금을 공급해 2만 1,000여 개의 일자리를 창출했으며 2019년에는 정책 자금 3조 6,700억 원을 신규 공급하고 2만 2,000개의 일자리를 창출하겠다는 목표를 실현해가고 있다. 특히 전환사채CB, 신주인수권부사채BW, 상환전환우선주RCPS 등 복합 금융 방식을 활용한 스케일업 금융에 쓰일 예산을 1,000억 원 확보했으며 총 5,000억 원을 이런 방식으로 공급할 계획이다.

해외 진출은 대한민국 모든 중소벤처기업이 언젠가는 맞닥뜨려야 할 숙제다. 해외에 나가기 위해서는 국가별 제도·법률·지원 시책 등의 정보 수집부터 수출 예산 확보까지 고려해야 할 사항이 한두 가지가 아니다.

중소벤처기업진흥공단은 전 세계 14개국 22개 지역에 지사를 두고 현지 마케팅, 사무 공간, 컨설팅 등을 원스톱으로 지원하는 수출 인큐베이터 사업을 운영하고 있다. 2018년에는 수출 유망 기업 발굴, 첫걸음 기업 지원 등을 통해 2,800여 개의 내수 기업을 수출 기업으로 탈바꿈시켰다. 또 미국 시애틀, 중국 중관춘 등 세계적 혁신 허브에 설치할 글로벌혁신성장센터 예산 32억 원을 확보했다. 2019년 8월 시애틀에 첫 글로벌혁신성장센터가 문을 열 예정이며, 10월에는 중국 중관춘에도 운영된다.

사람이 힘, 중소벤처기업 인력 양성 지원

중소벤처기업진흥공단은 1982년 안산 중소기업연수원을 개원하며 인력 지원 사업의 기반을 마련했다. 중소벤처기업 일자리를 발굴, 매칭하고 우수 인력을 공급하는 것을 목표로

이상직 이사장이 청년창업사관학교 입교식에서 제9기 입교생들과 기념 촬영을 하고 있다.

2018년 특성화고등학교 인력 양성, 산학 맞춤 기술 인력 양성 등을 통해 맞춤형 전문 인력 5만 2,200명을 양성했다.

또한 4차 산업혁명 시대를 대비해 스마트 공장 전문 인력 8,000명을 양성했다. 특히 청년희망버스, 희망열차 등 16개 기업인력애로센터를 통해 2,500명이 중소벤처기업에 취업할 수 있도록 매칭했다. 뿐만 아니라 중소기업핵심인력성과보상기금 내일채움공제를 도입해 청년 인력의 중소기업 유입과 중소벤처기업 핵심 인재 육성을 돕고 있다. 이상직 이사장 취임 이후, 성과보상공제의 누적 가입자는 22만 명을 넘어섰으며 누적 기금 9,000억 원을 달성했다.

청년 창업의 중요성이 날로 높아짐에 따라 중소벤처기업진흥공단은 2011년 3월 청년창업사관학교를 개소하고 예비 창업자 발굴, 양성, 졸업, 후속 연계 지원까지 포괄하는 국내 최초의 원스톱 창업자 양성 플랫폼을 구축했다.

중소벤처기업의 혁신 성장과 일자리 창출을 위해서는 무엇보다 사람에 투자하는 것이 중요하다는 판단으로, 기존 5개소였던 청년창업사관학교를 2018년 17개소로 확대했으며 양성 인원도 500명에서 1,000명으로 확대했다. 2019년 실시한 9기 청년창업사관학교 입교생 모집은 5 대 1의 경쟁률을 기록했으며 강원도, 제주특별자치도, 전라북도 등 그동안 소외받던 지역에서 청년창업 붐이 일고 있다.

청년창업사관학교를 통해 성장한 핀테크 기업 '토스', 부동산 플랫폼 '직방', 스마트 의료 기기 제조업체 '힐세리온'이 대표 성과다. 중소벤처기업진흥공단은 2019년 전국 17개 청년창업사관학교에서 유니콘 기업을 1개 이상 발굴해 집중 육성한다는 방침이다.

중소벤처기업진흥공단은 내부 인사 제도 개편도 과감하게 추진 중이다. 문재인 정부의 정책 기조에 발맞춰 직무 능력 위주의 블라인드 채용을 도입하며 채용 과정 전면을 혁신했고 인사 프로세스 역시 공정성과 투명성 중심으로 재편했다. 이런 노력의 결과로 고용노동부 장관 포상, 인사혁신처 인사혁신 챔피언상을 수상했다. 또 4년 연속 기금운용평가 '탁월' 등급을 획득했으며, 공공 기관 혁신평가 최고 등급기관 국무총리 표창, 기획재정부 국민소통 우수사례 기관으로 선정되는 등 인사·조직 혁신의 대표 공공 기관으로 자리 잡았다.

수요자 중심 맞춤형 지원 시스템

중소벤처기업진흥공단은 대한민국 중소벤처기업 지원 정책을 최일선에서 수행하는 기관으로서 수요자 맞춤형 지원으로 고객 만족도를 극대화하고 있다.

청년창업사관학교를 확대하여 전국 청년 CEO들이 혜택을 누릴 수 있도록 했으며 산업 수요에 기반한 맞춤형 전문 인력 양성을 위해 스마트 공장 배움터를 고도화하고 2개소(호남권, 영남권) 신설 예산 70억 원을 확보, 제조업 중소벤처기업에 필요한 스마트 공장 전문 인력 양성의 기반을 마련했다.

아울러 정책 자금 신청 관련 고객 불편 사항을 해소하기 위해 2014년 정책 자금 온라인 신청 방식을 구축하고 사전 상

2019년 3월 초 중국 알리바바 티몰(징지에 회장)과 업무협약을 맺었다.

담 예약제를 도입했다. 빅데이터화된 고객 정보를 분석해 맞춤형 지원 서비스를 제공하는 고객 정보 통합 시스템P-CRM을 구축해 고객 만족도를 높이고 있다.

중소벤처기업을 육성하고 지원하기 위해서는 현장의 목소리를 듣는 것이 최우선이다. 2018년 3월 취임한 이상직 이사장 역시 현장 중심 지원을 강조하며 간담회, 업체 방문 일정을 대폭 늘렸다. 특히 31개 중소벤처기업진흥공단 지역 조직에서 수집된 중소벤처기업 민생 규제 애로 사항 537건을 정부에 건의했고 연대 보증 전면 폐지, 조기 상환 페널티 폐지, 기업 자율 상환제 도입 등의 성과를 거뒀다.

핀테크, 전기차, 자율주행차 등 대기업들이 독과점하고 있는 분야에 도전하는 우수 중소벤처기업을 발굴·육성하고, 사회적 기업과 협동조합에 대한 정책 자금 공급도 390억 원에서 500억 원으로 늘렸다.

중소벤처기업진흥공단은 2018년 4개 기관 5개 분야, 17개 사업 41단계의 지원 사업을 '원스톱 일관지원사업'으로 합치고 210개사에 500억 원을 지원했다. 원스톱 일관지원사업을 통해 사업별로 매번 신청, 평가를 거쳐야 했던 중소벤처기업인들이 이제는 1번의 신청으로 최대 5개의 지원을 받을 수 있게 됐다.

창립 40주년을 맞아 이름부터 체질까지 확 바꾼 중소벤처기업진흥공단은 중소벤처기업의 혁신 성장을 더욱 속도감 있게 지원하고자 후순위 채권 인수 방식의 '스케일업 금융'을 도입했다. 2019년 5,000억 원 스케일업 금융을 공급함으로써 기술력과 미래 성장성 가능성이 높은 중소벤처기업의 혁신 성장을 견인할 계획이다.

2019년 3월 초 중국 알리바바 티몰Tmall과 업무협약을 맺고 종합 스토어 아임스타티스I'm Startice를 함께 운영한다. 이 플랫폼을 통해 중소벤처기업진흥공단 31개 지역 조직에서 발굴한 중소벤처기업의 우수 제품이 5억 3,000만 중국 온라인 상거래 이용자들에게 다가갈 수 있는 길이 열렸다. 4월에는 베트남 국영 방송인 VTVcab, 현지 대형유통회사 푸타이그룹과 업무협약을 체결했다. 세 기관은 국내 중소벤처기업의 베트남 방송 및 오프라인 판매망을 구축하는 데 적극 협력하기로 했다. 이를 통해 신남방 대표 시장인 베트남을 겨냥한 한국 중소벤처기업 우수 제품의 새로운 수출 활로가 마련됐다.

공정 경제 생태계 조성의 기반 구축

중소벤처기업진흥공단은 공정 경제 및 사회적 경제 생태계 조성을 통해 신산업 기반도 구축해나가고 있다. 정유, 은행, 자동차 등 생활 필수 소비재 분야의 독과점을 깨뜨리고자 핀테크 기업 '토스', 전기자율차 제조 기업 '대창모터스', 전기차 기업 '에디슨모터스' 같은 기업을 집중 발굴 및 육성할 예정이다. 100억 원을 들여 불공정 행위 피해 기업을 돕고 재도전종합지원센터는 13개소에서 18개소로 확대할 방침이다.

중소벤처기업에게 가장 중요한 요소는 사람이다. 이런 점을 잘 알기에 중소벤처기업진흥공단은 사람 중심 일자리를 창출

중소벤처기업진흥공단 이상직 이사장이 전기자율차 제조 기업 대창모터스에 현장 방문했다.

하는 데도 앞장서고 있다. 국방부, 코레일과 협력해 서울역에 청년·장병 취업상담센터를 신설했으며 청년희망버스, 희망열차 등 16개 기업인력애로센터를 통해 2,400명의 중소벤처기업 취업을 알선했다. 3년형 내일채움공제, 청년재직자내일채움공제를 신설한 결과, 성과보상공제 누적 가입자는 22만 명을 돌파했다.

따뜻한 조직 문화, 사회를 배려하는 중소벤처기업진흥공단

1979년 창립 이후부터 급변하는 대내외 환경 속에서 중소벤

2019 전역예정장병 취업 박람회에 이상직 중진공 이사장(다섯 번째), 정경두 국방부 장관(일곱 번째), 이목희 일자리위원회 부위원장(아홉 번째) 등 관계 부처, 유관 기관장 20여 명이 참석했다.

처기업진흥공단의 행보가 순탄치만은 않았다. 그럼에도 불구하고 중소벤처기업진흥공단 임직원들은 선후배 간 돈독한 믿음과 따뜻한 동료애를 바탕으로 가족 같은 근무 분위기를 만들어가고 있다. 직원이 지켜야 할 SBC Life 10계명(인사는 명랑하게, 전화는 친절하게 등)과 4대 전략(소통, 능통, 화통, 쾌통) 등의 과제를 전파하고 따뜻한 조직 문화가 더 나은 기업을 만든다는 믿음으로 배려하는 중소벤처기업진흥공단을 만들고자 노력해왔다.

2014년 본사를 경상남도 진주시로 이전한 후에는 일·가정

양립, 소통 활성화, 임직원 심리 안정 등을 지원하는 조직 문화 프로그램을 강화하며 임직원 중심 조직 문화를 가꿔가고 있다.

중소벤처기업진흥공단은 기관 사회 공헌 브랜드로 '중진공감感'을 정하고 행복공감, 희망공감, 사랑공감 등 3대 영역을 중심으로 활동하고 있다. 특히 중소벤처기업진흥공단 업무와 연관 있는 창업 기업, 사회적 경제 기업, 여성 기업, 소상공인 등에 대한 사회 공헌 활동을 활발하게 진행하고 있다. 상대적으로 취약한 중소벤처기업에게 경영 기술 컨설팅을 제공하고 있으며 예비 창업자, 청년 구직자, 청소년 대상 멘토링 등 임직원들의 전문성을 활용한 재능 기부가 중심이다. 이 밖에도 '직원 급여 끝전 떼기'로 매년 사회 공헌 기금 2,000여 만 원을 조성해 외부에 기부하고 있다.

대한민국 경제 발전의 중심, 중소벤처기업

창립 40주년을 맞이해 '중소벤처기업진흥공단'으로 사명을 변경한 중소벤처기업진흥공단은 중소벤처기업의 혁신 성장, 공정 경제 생태계 조성, 일자리 창출을 위해 앞으로도 끊임없이 노력할 것이다.

새로운 기관명처럼 중소벤처기업 혁신 성장을 지원하고, 성장 가능성이 높은 벤처기업이 유니콘 기업으로 도약할 수 있도록 과감하고 집중적인 지원을 할 계획이다. 특히 중소벤처기업이 창업 초기 겪게 되는 데스밸리Death Valley를 무사히 넘어 혁신 기업으로 성장할 수 있도록 정책 자금 융자, 수출 마케팅, 인력 양성 등 각종 지원 정책을 원스톱으로 지원하며 양질의 일자리를 창출해나갈 예정이다.

"중소기업에 희망을,
벤처기업에 날개를,
청년들에게 일자리와 꿈을!"

회장

이석준

삼영화학

학력

1973 서울대학교사범대학부속고등학교 졸업
1977 성균관대학교 경상대학 경영학과 졸업
1983 미국 루스벨트 대학원 졸업
1995 하버드비즈니스스쿨 수료
2009 서울대학교 법과대학 최고지도자과정 수료(APLP 9기)

경력

1983 국제통신공업㈜
삼영화학공업주식회사 이사
1987 삼영화학공업주식회사 상무이사
1990 삼영화학공업주식회사 대표이사
1993 삼영화학그룹 부회장
2011 관정교육재단 이사장
2013 삼영화학그룹 회장
2015 삼영화학공업 대표이사 회장

상훈

2001 납세의무 성실 이행 재정경제부 장관 표창
2003 금탑산업훈장 대통령 포상
2008 무역의 날 3,000만 불 수출의 탑
2011 무역의 날 7,000만 불 수출의 탑

代表理事 李偵埈

60년 산업용 포장재 한 우물 판 삼영화학

삼영화학은 이종환 명예회장이 설립한 대한민국 최초의 석유화학 공업 기업이자 친환경 포장 필름 전문 기업이다. 1959년 합성수지인 CPP 필름 생산을 시작으로, 1973년 국내 최초로 포장용 필름인 'BOPP 필름'을 생산했다.

다양한 제품을 국산화함으로써 수입에만 의존하던 산업용 포장재 산업에 혁신의 숨결을 불어넣었다. 1989년에는 수입에 의존하던 전자제품 소재 '축전용 캐파시터 필름'을 국내 처음으로 개발하며 고부가 가치 제품 국산화에 성공했다.

이석준 삼영화학 회장은 이종환 명예회장의 장남으로 삼영산업(건축용 내외장재 타일 제조), 삼영중공업(플랜트·선박용 엔진 부품 제조), 고려애자(국내 유일 현수애자 제조) 등 제조업과 크라운컨트리클럽, 크라운파크호텔(서울), 크라운하버호텔(부산) 등 레저·숙박업 계열사를 이끌고 있다.

세계 다섯 번째로 콘덴서용 초박막 필름 개발

삼영화학은 다년간 축적한 기술과 경험을 바탕으로 고부가

현재 국내 유일 캐파시터 필름 생산 업체인 삼영화학은 청주, 구미에서 생산 공장을 가동하고 있다.

가치 신제품을 개발하는 데 매진해왔다. 그 결과 1988년 국내 최초이자 세계 다섯 번째로 콘덴서용 초박막 캐파시터 필름을 개발해 수입 대체 효과 및 세계 시장에서 주목받았고 지금도 콘덴서 분야에서 세계적인 경쟁력을 인정받고 있다.

캐파시터 필름은 가전제품 등 전자제품에서 전기 흐름을 안정시키는 역할을 하는 필수 부품이다. 아직까지 이 제품을 생산하는 국내 기업은 삼영화학이 유일하다.

삼영화학은 2000년 가전 기기 및 정보 통신 기기용 콘덴서 부품 수요 증대에 부응하고자 250억 원을 투자해 제조 공정 3호기를 증설하고 있다. 3호기를 증설한 후에는 세계 최대의 생산 능력을 보유하게 되었으며 초박막 제품을 생산하기 위해 2005년에는 5호기를 증설해 국내는 물론 주요 경쟁국인 일본과 해외 시장에서 대등한 경쟁을 할 수 있게 된다.

삼영화학은 앞으로도 급변하는 시장 상황에서 기술력 있는 강소기업으로 성장하고자 신제품 개발 및 품질 향상, 신사업 전략 수립 등에 힘쓸 계획이다. 이를 위해 최첨단 설비 및 기자재 도입, 국내외 선진 연구 기관과의 유기적인 협력 체제 구축 등을 추진한다.

삼영화학은 전자 필름 및 포장 필름 선도 기업으로 청주,

구미에서 생산 공장을 가동하고 있다. 보다 얇고 성능 좋은 캐파시터 필름을 만들고자 기술 연구 개발R&D에 힘쓰고 있다.

삼영화학은 현재 국내 유일 캐파시터 필름 생산 업체이다. 캐파시터 필름은 텐터Tenter 방식에 의한 이축연신 필름으로, 두께 균일성 및 물성이 우수하다. 삼영화학은 특히 하이브리드 자동차에 들어가는 초박막 필름 2.30~2.8㎛을 세계 다섯 번째로 생산하는 데 성공했다.

폭발적으로 커지고 있는 친환경차 수요에 맞춰 삼영화학은 내열성 캐파시터 필름의 초박막화에 집중하고 있다. 삼영화학은 우리나라에서 처음 폴리프로필렌 필름 캐파시터 공정을 도입했다. 이로써 수입에 의존하던 제품을 국산화했으며 삼영화학의 폴리프로필렌 필름 캐파시터는 30년 넘게 삼영화학의 효자 상품으로 자리 잡고 있다.

캐파시터 필름은 최상의 원료를 확보하는 것이 관건이다. 이석준 삼영화학 회장은 "최고의 제품을 차질 없이 공급할 수 있도록 안정적인 원재료 조달 방안을 항시 고민하고 있다"며 "수출 효자 상품인 박막, 후막 제품의 기술 개발과 관련 인재 육성에 전념할 것"이라고 말했다.

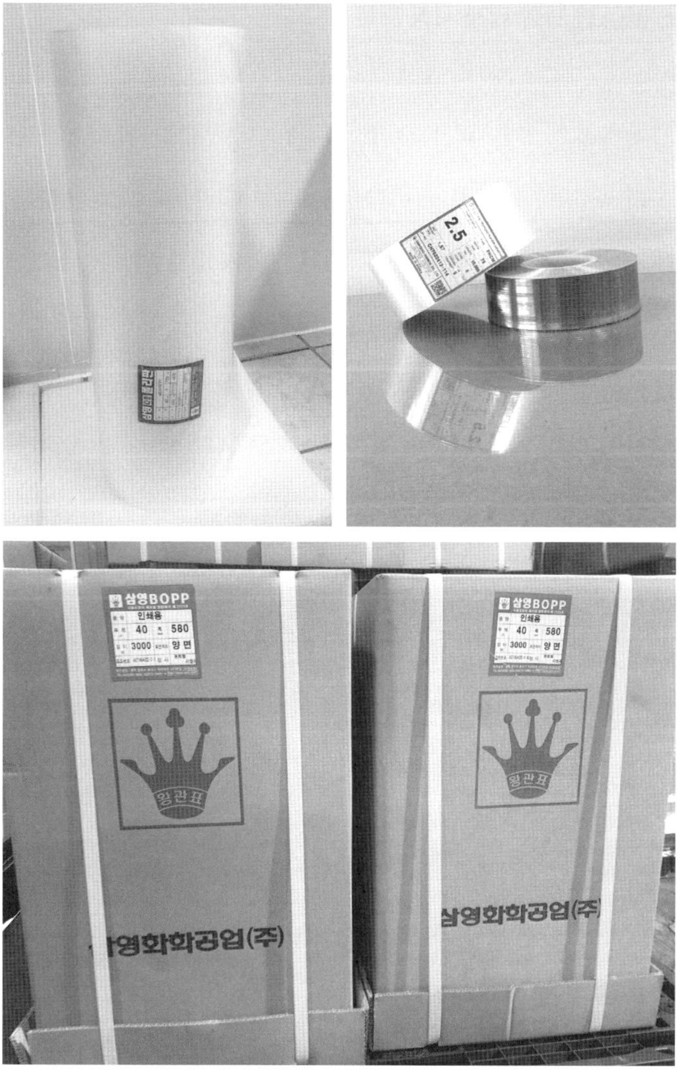

삼영화학은 국내 최초로 BOPP필름을 생산해 기술력, 생산력, 품질 및 판매 면에서 국내 선두 주자의 자리를 굳히고 있다.

친환경 랩으로 세계 시장 도전

삼영화학은 식품 포장용 친환경 랩도 생산하고 있다. 삼영화학의 랩은 가정과 식당, 마트, 식자재 가공 공장 등 다양한 곳에 납품되고 있다. 이 회장은 "지금까지 포장재 업계에서 혁신을 주도했던 경험을 살려 식품 포장용 랩에도 친환경 콘셉트를 처음 적용했다"며 "대형 마트에서 음식 등을 포장할 때 필수품인 랩도 이제 친환경 제품으로 모두 대체할 수밖에 없다"고 말했다.

식품 포장용 랩은 크게 폴리염화비닐(PVC) 랩과 폴리에틸렌(PE) 랩 등 2가지로 나뉜다. 대형 마트 또는 음식점 등에서 식품 포장용으로 사용하는 PVC 랩은 늘어나는 성질이 뛰어나고 김 서림 방지도 우수하다. 이 때문에 배달 음식 포장에도 거의 PVC 랩이 사용되고 있다. 하지만 PVC 랩은 땅에 묻어도 100년 이상 썩지 않고, 소각해도 염소 등 유해 가스가 발생하는 단점이 있다. 포장 상태로 전자레인지에 넣어 사용하면 포장이 녹아내린다. 이에 비해 가정에서 흔히 쓰는 PE 랩은 소각 시 유해 물질 배출은 적지만, 당겼을 때 잘 끊어지고 습기가 잘 생기는 단점이 있다.

삼영화학이 개발한 폴리올레핀(PO) 랩은 PE 랩과 PVC 랩의 장점만 더한 제품이다. 소각 시 유해 물질이 발생하지 않고, 전자레인지에 넣고 돌려도 문제없다. 기존 PE, 폴리프로필렌PP과 분리해 수거할 필요 없이 재활용할 수 있는 점도 장점이다. 지금껏 가정에서 종량제 봉투에 PE 랩과 PVC 랩을 모두 넣어 버려서 소각할 때 유해 가스가 발생하는 문제가 컸다. PO 제품은 이 같은 고민을 한 번에 해결한 제품이다.

PO 랩의 시장 전망도 밝다. 환경 문제로 인해 PVC 제품 제조·수입·판매를 금지하는 법안이 2018년에 국회를 통과했으며 유예 기간을 거쳐 2021년부터는 국내에서 PVC 제품을 쓸 수 없게 된다. 삼영화학은 제품 개발에 참여했던 롯데알미늄과 함께 전국 롯데마트와 롯데슈퍼 등 유통 매장에 친환경 PO 제품을 공급할 계획이다. 이어 홈플러스, 이마트 등 다른 유통 매장에도 사용될 수 있도록 공급망을 확대하는 것이 목표다.

삼영화학은 국내뿐 아니라 국외에서도 친환경 PO 제품의 시장성을 밝게 예상하고 있다. 2019년 PO 제품 매출 목표는 100억 원이지만 2021년 이후에는 500억 원까지 성장할 것으로 기대하고 있다. 2020년 말 국내 PVC 랩 시장의 50% 이상

위생, 가격, 용량, 품질 면에서 최고의 가성비를 자신하는 삼영화학의 썬랩.

을 가져오는 동시에 중국, 베트남 등 해외 시장으로도 본격 진출한다는 계획이다.

이 회장은 "PO랩은 당사가 오랫동안 축적해온 다층화 기술을 접목해 만든 제품"이라며 "친환경 제품이지만 기존 제품에 비해 가격 상승을 최대한 줄여 상업적으로 널리 사용될 수 있도록 하겠다"고 했다.

삼영화학은 정부의 신남방 정책에 발맞추고자 해외 공장 운영 경험을 바탕으로 베트남 공장을 건설 중이다. 베트남 경제 중심지인 호찌민 인근에 3,000평 규모의 공장을 마련하고 PVC 제조 설비를 이전 중에 있다. 이 공장은 수출용 PVC 제품 생산을 전담하게 된다. 삼영화학 PVC 제품의 약 50%가 수출되고 있다.

이로써 삼영화학은 보다 다양한 해외 시장을 공략할 수 있게 됐다. 이석준 회장은 "2019년은 해외 시장 공략의 원년으로 삼고 그룹 내 계열사들의 진출도 적극 추진할 것"이라며 "베트남, 인도네시아 등 동남아시아에서 생산 투자, 현지 인원 교육 등을 통해 삼영화학이 재도약하는 발판을 마련할 것"이라고 했다.

대표이사
이승현

㈜인팩코리아

경력

1986~2006	삼성전자 기획관리본부, 일본주재원, LCD TV 프로젝트 매니저(초대)
2006~2015	제이에이이이코리아㈜ 대표이사
2015~현재	㈜인팩코리아 대표이사
	한국외국기업협회 회장
	고려대학교 경영전문대학원 Executive MBA 총교우회 회장
	해남 땅끝마을 대한불교조계종 미황사 장학 사업
	청소년 폭력 예방 단체 참여
	고려대학교 Dream Scholarship 및 KU Pride 참여

상훈

2003	삼성전자 Global Marketing Award 대상
2016	한국외국기업협회 FORCA 대상
	한국언론인연합회 자랑스런 한국인 대상
2018	대한민국 글로벌 리더 대상
2019	대한민국 CEO 리더십 대상

INPAQ

IT 강국 코리아 밑거름 된 부품 소재 강소기업

인팩코리아는 대만 인팩테크놀로지INPAQ Technology와 합작법인으로 2008년 2월 설립된 IT 전자 부품 전문 기업이다. 스마트폰, 디지털 TV, 자동차 등 전류가 흐르는 모든 제품에 사용되는 수동소자류와 RF안테나를 삼성전자 등 글로벌 기업에 공급하고 있다. 세계 최고의 휴대폰과 디지털 TV에는 인팩코리아의 주요 부품들이 사용되고 있으며 특히 GPS 안테나는 세

IT 강국 코리아의 밑거름이 된 부품 소재 강소기업, 인팩코리아 이승현 대표이사(에베레스트 칼라파타르, 해발 5,550m).

계 시장 점유율 1위다.

인팩테크놀로지는 1998년 6월 설립됐으며 약 300명의 개발 인력과 약 4,000명의 종업원이 있다. 대만과 중국에 생산 공장을 두고 있으며 자본금 규모는 약 6,000만 달러, 매출액은 약 3억 달러다.

삼성·LG에 납품하며 글로벌 수준 실력 쌓아

인팩코리아가 지금까지 이룬 가장 큰 성과는 세계 최고로 꼽히는 삼성전자와 LG전자에 제품을 공급하게 된 것이다. 이승현 인팩코리아 대표는 이 성과에 대해 특별한 무언가가 있지는 않다고 강조한다. 다만 오늘날까지 정직하게 열심히 최선을 다한 결과 세상이 배신하지 않았다는 것이다. 소박해 보이는 이 말은 그의 좌우명이기도 하다.

인팩코리아의 주 고객사 중 하나인 삼성전자의 경우 연간 수억 대에 달하는 휴대전화와 수천만 대에 달하는 디지털 TV를 생산하고 있다. 만약 여기에 사용되는 부품 중 어느 하나라도 품질에 이상이 생긴다면 삼성전자는 지금껏 쌓은 고객 신뢰에 큰 오점을 남기게 된다. 삼성의 까다로운 품질 관리는

외국기업의 날 기념식은 우리나라 경제에 기여한 외국인투자기업 및 투자 유치 관계자를 포상해 투자 유치 활동을 치하하고, 지속적인 외국인 투자 유치를 위해 2001년도부터 개최한 연례행사다.

업계에서 유명하다. 자연스레 삼성전자에 신규로 제품을 납품하려는 협력사 역시 삼성전자의 검증을 통과하는 것이 지상 과제다. 인팩코리아는 삼성전자 납품을 시도할 때부터 역으로 고객사에 엄격한 검증을 요청했다. 이 같은 품질 경영 노력에 힘입어 10여 년간 무리 없이 공급 관계를 이어오고 있다.

인팩코리아는 이승현 대표가 태어나 처음 창업한 회사로 규모는 그리 크지 않지만 세계 최고 전자 회사인 삼성전자 및 LG전자와 거래한다. 인팩코리아가 공급하는 제품은 100년 넘게 미국, 유럽, 일본 등 선진국 기업들이 장악하고 있던 분야다. 소재부터 제조까지 정밀함이 요구되며 까다로운 검증 절차를 거쳐야만 공급 가능하다. 특히 삼성전자의 경우 품질 검증이 엄격하고 그 절차도 까다롭기로 유명하다. 수십 년 전부터 시장을 선점하고 있던 기업들은 기술력과 원가 경쟁력, 마케팅 능력이 탁월하다. 이들과의 경쟁을 뚫고 납품에 성사시켰다는 점에서 인팩코리아 임직원들의 장인 정신을 느낄 수 있다.

인팩코리아가 삼성전자를 비롯한 세계 최고의 기업들에게 전자 부품을 공급하는 것은 철저한 품질 관리와 기술 개발을 통해 고객이 원하는 양질의 제품을 개발함으로써 신뢰를 얻은 덕분이다. 인팩코리아 직원들은 자신들이 생산한 부품의 토대 위에서 삼성전자 LCD TV가 세계 1등이 됐다는 점에서 큰 자부심을 느낀다. 삼성전자 TV는 세계 최강 소니를 제치고 7년 넘게 세계 1위 자리를 지켜오고 있다.

2000년대 초반만 해도 삼성전자나 LG전자의 해외 인지도는 매우 낮았다. 일본의 소니, 파나소닉, 도시바, 샤프, 유럽의 필립스와 비교하면 초라할 정도였다. 그러나 1990년대 말부터 불어 닥친 디지털화 바람이 오늘날 한국산 TV가 세계 최강으로 올라설 수 있는 기회가 됐다. LCD TV 일류화를 위해 삼성전자를 중심으로 삼성그룹의 역량을 몰아준, 어찌 보면 다소 무모한 결정이 지금의 세계 1위 제품을 만드는 밑거름이 된 셈이다. 삼성전자의 디스플레이 기술은 LCD를 너머 이제 LED, QLED 등으로 진화 중이다.

최고를 꺾기 위해 모든 것을 쏟아붓다

1999년 삼성전자 도쿄주재원은 그룹 최고위층으로부터 일본 시장에서 삼성전자 브랜드와 인지도를 높일 수 있는 방안을 강구해보라는 지시를 받았다. 당시 삼성일본본사 신규사업팀장으로 있던 이승현 대표는 액정 모니터를 전자 상거래

2019년 1월 서울 강남구 그랜드인터컨티넨탈호텔에서 열린 '2019년 외국인투자기업 신년인사회'에서 성윤모 산업통상자원부 장관 및 참석자들이 기념 촬영을 하고 있다.

로 일본 시장에서 판매하는 것을 제안했고 당시 삼성일본 고위층과 한국 본사 모니터 사업 책임자의 전폭적인 지원 아래 2000년 3월 전자 상거래를 통해 삼성전자 액정 모니터를 일본 전국에 판매를 개시했다.

액정의 본고장이라고 자처한 일본 시장에서 "삼성이 일본에 위협을 가했다"고 할 정도로 당시 TV 방송을 포함한 많은 언론에서 관심을 보였다. 덕분에 일본인 사이에서 삼성 액정 제품의 인지도가 높아졌다. 당시 17인치 액정 모니터 1대 값이 200만 원을 호가했음에도 기대 이상의 성과를 거뒀다.

이승현 대표가 가장 배타적이면서 동시에 액정 본고장인 일본 시장에서 기대 이상의 성공을 거둘 수 있었던 데는 크게 3가지 비결이 있다. 첫째, 모든 마케팅을 최고급화하는 전략이 있었다. 둘째, 일본 본토 전역으로 24시간 이내 상품을 배송해주고 고객 문의에 24시간 대응할 수 있는 콜센터를 운영했다. 셋째, 고객이 제품을 직접 체험해보고 타사 제품과 비교할 수 있도록 홈페이지와 전시장을 마련했다.

이승현 대표는 2001년 5월 삼성전자 한국 본사로 귀임했다. 귀임 당시 미국, 일본, 한국을 중심으로 디지털 TV에 대한 논의가 무르익고 있었다. 아직까지 부피가 큰 프로젝션 TV와 플라즈마 TV가 대세였다. 당시 액정 TV는 30인치 이상의 크기는 기술적으로 어렵다는 의견이 지배적이었으며 소니와 파나소닉 등 기존 메이저들은 액정 TV보다 평면브라운관PDP TV에 주력했다.

이 대표는 일본 시장에서 쌓은 액정 모니터 사업 경험을 바탕으로 액정 TV PM 조직 신설을 건의했고, 2002년 초 5명의 인력으로 액정 TV PM 그룹이 만들어졌다. 개발은 액정 모니터 개발 인력이 겸직하는 것으로 했으며 약 1년 후 액정 TV 개발 전담 조직이 만들어지면서 사업이 본격화되기 시작했다.

여느 신사업이 그렇듯 액정 TV 역시 개발, 마케팅 등 초기 비용이 많이 소요됐으며 예상치 못한 기술 문제가 많았다. 이러한 역경을 뚫고 삼성전자 액정 TV가 세계 1위가 될 수 있었던 요인은 크게 3가지다.

먼저 최고 경영층의 미래를 보는 예지력과 시설 및 마케팅 투자에 대한 과감하고 빠른 의사 결정 체제를 꼽을 수 있다. 액정 TV의 약점이던 대형화를 전면에 내세우면서 고객들이 액정 TV를 직접 눈으로 보고 경험할 수 있도록 하는 일관된 광고 전략과 이를 기술적으로 뒷받침해줄 뛰어난 개발 책임자도 중요한 요인이다. 이외에 물류 체계 구축 등 여러 가지가 뒷받침됐지만 가장 결정적인 요인은 앞서 소개한 3가지다.

이승현 대표에게 액정 TV PM 그룹장으로서 초기 2년은 매우 힘든 시기였다. 일단 제품 완성도가 너무 떨어졌다. 또 고객들에게 상품을 알리려면 유통점에 전시를 해야 하는데 당시만 해도 미국이나 유럽 시장에서 삼성의 브랜드 인지도가 낮아 대형 유통점들이 전시 공간을 쉽사리 내주지 않았다. 액정 디스플레이도 노트북 컴퓨터용이나 모니터용 소요가 많아 기술력이 요구되는 TV용 디스플레이는 우선순위에서 밀리는 상황이어서 개발이 녹록하지 않았다.

신의 한 수, 액정TV일류화위원회

지금은 은퇴했지만 당시 삼성전자 대표이사였던 윤종용 부회장은 액정TV일류화위원회 설치를 지시했고 사업 초기에 스스로 위원장이 되어 분기별 투자 현황과 핵심 부품 개발 상황을 직접 점검했다.

CEO가 직접 나서자 액정 TV는 서서히 전사적 프로젝트로 그 중요성이 부각됐고 광고, 판촉 등 마케팅 분야에서도 총력 지원을 받게 되면서 사업이 활기를 띠었다. 이탈리아 시장에서 점유율 30%를 돌파하며 프랑스, 영국, 독일, 스페인 등지로 영향력이 확대되었고 마침내 미국에서도 삼성 액정 TV 판매가 본격화되기 시작했다.

액정 TV의 대형화를 위해 당시 세계 최초로 40인치와 29인치를 개발했는데 이 제품들은 미국 라스베이거스에서 열리는 CES 등 해외 전시회에서 큰 반향을 불러일으켰다. 당시 40인치 액정 TV 1대 가격은 2,000만 원을 호가했음에도 불구하고 고급 TV를 원하던 국내 일부 고객들 사이에서 큰 인기를 누렸다. 이는 삼성전자가 세계 TV 1위가 될 수 있었던 원동력이다.

백윤규 산업통상부 장관과 외국인투자기업 간담회를 하고 있는 인팩코리아 이승현 대표이사.

출시 당시 40인치 액정 TV의 완성도는 매우 낮았다. 액정 디스플레이 뒷면에는 백라이트형광등가 있어 화면을 밝게 해주는데 수명이 짧아 화면이 어두워지면서 검게 변하는 현상이 자주 나타났고 대형 디스플레이의 생산 수율이 너무 낮아 디스플레이 가격이 비쌀 수밖에 없었다.

당시 액정 디스플레이 기술은 일본 샤프가 독보적이었다. 하지만 아날로그 분야에서 독보적 존재였던 일본 전자 업체들은 완벽하지 않은 상품은 출시하지 않는다는 정책을 고수했다. 반면 삼성전자는 디지털 시대에 적합한 의사 결정을 통해 일단 시도해보고 보완하는 방식을 취했다. 이러한 전략의 차이는 삼성이 빠른 속도로 일본 기업들을 추격하고 추월하는 원동력이 됐다.

사회에 도움 되는 기업이 진짜

이승현 대표는 지속 가능한 기업 경영이 이뤄지기 위해 우리 사회가 안정되고 안전해야 한다고 강조한다.

특히 사회적 문제인 청소년 폭력으로 미래의 꿈나무들이 목숨까지 버리는 안타까운 사례가 생기는 것은 사회적으로 막대한 손실이다. 청소년들이 건강하고 바르게 성장해 대한민국의 초석이 되는 데 도움이 되고자 그는 청소년 폭력 예방 단체청예단에 오래전부터 동참해오고 있으며 농촌부 초등학교 졸업생들을 대상으로 장학금도 기부해오고 있다. 농촌부의 경우 의외로 생활 형편이 넉넉하지 못해 초등학교를 졸업하고 나서 중학교 진학 시 교복을 구입하는 데도 어려움을 겪는 사례가 적지 않다.

이외에도 생활이 어려운 대학생들이 아르바이트 때문에 정작 필요한 장학금을 받지 못하는 사태를 막고자 모교에서 시행하는 장학금 기부에 동참하고 있다. 청소년과 청년뿐 아니라 노인 복지 시설에도 적지만 일정액을 매년 정기 기부하는 등 건강하고 행복한 대한민국 건설을 위해 나눔의 삶을 실천하고 있다.

산업통상자원부 주관 제4회 외국인투자 카라반 행사는 주요 외투기업 간담회, 외국인 투자 유치 세미나, 제4회 분기 외투기업인의 날, 채용 및 금융 현장 상담회로 구성됐다.

이승현 대표는 경영자로서의 가장 중요한 역할로 지속 가능한 경영 체계를 구축하는 것, 구성원들이 만족한 삶을 살아갈 수 있는 터전을 만들어주는 것을 꼽는다. 주주 이익 극대화도 중요한 우선순위다.

"정보화 및 디지털화 시대가 되면서 변화의 속도가 상상을 초월할 정도다. 경쟁 구도도 이제는 글로벌화됐다. 어디서 누가 무엇을 하고 있는지 언제 어떤 경쟁자가 나타날지 생각하면 식은땀이 흐른다. 정신이 오싹해질 정도다. 기업의 경영자라면 누구나 느끼고 있을 것이다."

구성원과 소통하는 리더

경영자 한 사람의 힘으로 지속 경영을 이루기는 불가능하다. 이러한 사실을 누구보다 잘 알고 있기에 이승현 대표는 구성원 한 사람 한 사람이 주인 의식을 가져야 한다고 강조한다. 흔히 리더는 방향을 제시해야 한다지만 그가 생각하는 리더는 구성원들이 방향을 제시하도록 유도하고 실행되도록 뒷받침해주는 것이다. 젊고 유능한 구성원들이 자유롭게 일하는 가운데 자연스럽게 기업이 나아가야 할 방향이 손에 잡힌다는 것이다. 구성원의 적극적 참여를 이끌어내기 위한 합당한 소득 분배도 이 대표가 중시하는 기업 경영의 원칙이다.

경영 비전을 달성하려면 무엇보다 고객에게 도움 되는 제품을 개발하는 것이 가장 중요하다. 경쟁사를 추격하거나 이기는 것은 그다음 문제다. 회사마다 고유의 장점이 있으니 모두가 공존할 수 있는 산업 생태계가 만들어져야 한다. 맹수나 동물도 자신의 생명이나 그와 직결되는 경우를 제외하고 지나친 싸움을 하지 않는다.

인팩코리아의 지향점은 신의창신信義創新, 이인위본以人爲本, 주이불비周而不比 3개 사자성어로 요약할 수 있다. 가족이 수백

년, 수천 년 동안 유지되는 것은 피로 맺어진 신의 때문이듯 아무리 훌륭한 제품이 있고 능력이 뛰어나도 신뢰 관계가 없으면 사상누각에 지나지 않는다. 그러므로 이승현 대표는 구성원 간 신의를 중시한다. 변하는 산업 사회에 낙오자가 되지 않으려면 신제품이나 새로운 방법 등을 개발하는 것도 중요하다. 이를 위해 인팩코리아는 인재 육성과 교육을 강조한다.

이승현 대표는 지나친 상대 평가를 지양한다. 구성원 간 능력 비교는 무의미하다고 강조하는 것이다. 누구나 장단점이 있기 마련이다. 심지어 경영자인 이 대표 스스로도 개선할 점이 많다는 것이다. 한순간 구성원이 경영자의 생각에 못 미칠 때는 아쉽지만 스스로를 뒤돌아보면 구성원이 부족한 게 아니라 스스로의 기준으로 구성원을 평가했음을 자각한다.

이 대표는 우리 민족이 앞으로 나아가야 할 분야는 정밀함과 치밀함이 요구되는 전자 산업이나 바이오산업이라고 생각한다. 이미 일부 대기업들이 관련 사업을 활발히 하고 있지만 소재나 부품 등 기초 기술 분야는 여전히 부족하다. 이런 분야는 시간과 인내가 필요하다. 이 대표가 젊은 직원들에게 "주변 유행을 너무 좇지 말고 기초 실력을 쌓는 데 노력하라"고 강조하는 것도 이러한 이유에서다.

주요 경제 단체로서 우뚝 솟을 한국외국기업협회

이 대표는 "한국에서 활동 중인 외국계 기업 대표자들은 국가관이 투철하며 한국 내에 개발 및 생산 공장, 판매 거점 등을 만들어 수출 증대에 기여하고 있을 뿐 아니라 새로운 일자리 창출에도 크게 기여하고 있다"며 "한국외국기업협회장으로서 외국기업의 한국 투자 유치를 지원하고 회원사들의 권익 보호에도 앞장설 것"이라고 밝혔다.

이승현 대표는 현재 한국외국기업협회 회장직도 맡고 있는데 한국외국기업협회FORCA, Korea Foreign Company Association는 산업통상자원부(당시 상공부) 산하의 법정 단체로서 한국에 진출해 있는 모든 외국기업 및 외국인 투자 법인을 대표하는 경제단체다.

FORCA는 산업통상자원부 무역투자정책실과 협력해 외국인 또는 외국기업들이 한국 내에 투자를 많이 할 수 있도록 지원해주는 것을 최우선으로 하며, 산업별 분과위원회 활동을 통해 회원사의 애로 사항 청취 및 법률 입법과 개정 등을 정부에 건의해 경영 활동이 용이하도록 지원하고 있다. 이외에 대표자들의 경영 지식 함양을 위한 CEO 포럼을 월 1회 개최하고 있다. 노숙자 무료 급식, CEO 특강 및 청년 취업 지원 등도 한다. 특히 외국인 투자자들이 한국에 빠르고 안전하게 정착할 수 있도록 도와주고 정주 여건을 개선하는 데도 노력하고 있다.

FORCA는 1978년 설립되었다. 40년이 넘은 역사를 가진 경제 단체라고 할 수 있다. 1만 4,000여 글로벌 기업들이 한국 내에서 기업 활동을 하고 있는데 매년 200억 달러 이상의 외국인 직접 투자Foreign Direct Investment와 국내에서 발생한 이익 중 약 20조 원 등 연간 약 50~60조 원 규모의 신규 투자를 통해, 한국 전체 수출의 약 20%를 담당하고 있다. 우리나라 총 고용의 6%를 담당하는 등 한국 경제의 중심축 역할을 하고 있는 셈이다.

우리나라는 글로벌 기업들이 기업하기에 비교적 좋은 국가다. 전자 반도체, 자동차, 석유 화학, 조선 등 세계 시장을 리드하는 글로벌 기업들이 많아서 한국에서 성공할 경우 세계 어느 시장에서도 성공할 가능성이 높다는 말이다. 한국에는 훈련이 잘 되어 있고 근면한 근로자도 많다.

반면 강성 노조 및 고용의 유연성이 낮다. 높은 법인 세율, 최저 임금의 2년 연속 급격한 인상, 주 52시간 제도 도입에 따른 근로 유연성 저하 등이 가장 어려운 과제로 꼽힌다. 화학 물질 등록 및 평가에 관한 법화평법, 화학 물질 관리법화관법, 생활 화학 제품 및 살생물제 안전 관리에 관한 법률 등은 선발 국가에 비해 조정할 부분이 있다. 2019년에는 FORCA 차원에서도 살피고 챙겨야 할 이슈다.

FORCA는 산업별 분과 활동과 다양한 형태의 세미나를 통해 회원사의 애로 사항을 청취해 관련 부처에 건의한다. 이와 별도로 산업통상자원부와 공동으로 외국기업 대표자들과의 현장 간담회를 통해 규제 문제나 애로 사항을 청취하고 즉석에서 대책을 강구해주기도 한다.

또한 한국무역투자진흥공사KOTRA 내에 외국 투자 법인의 고충 처리를 전담해주는 옴부즈맨이 상주하면서 애로 사항을 해결하는 데 애쓰고 있다.

'외국기업의 날'은 매년 11월 초 산업통상자원부가 주최하고 FORCA가 주관하는 행사다. 산업통상자원부 장관, 외국기업 대표자 및 임직원, 각국 대사와 상공회의소 회장, 지방자치단체 관계자 등 700여 명이 참가한다.

2018년에 18회를 맞이한 외국기업의 날은 국내에 투자를 많이 하고, 고용을 창출한 외국기업 또는 외국인을 대상으로

제13회 외국인투자기업 채용 박람회에서는 청년 취업을 위한 외국인투자기업의 채용 정보, 인사 담당자와의 만남, 특강, 컨설팅 등을 한자리에서 만나볼 수 있다.

정부가 그 공로를 치하하고 투자 유치를 위해 노력해준 관련자 및 단체를 격려하는 자리다. 일종의 무역의 날과 같다고 보면 된다. 2018년에는 50여 개 기업 및 단체에게 금탑훈장 등 국가 포장이 주어졌다. 어려운 여건에도 2019년에 금탑산업훈장(일본 도레이) 수여가 나왔다는 것이 주목할 부분이다.

FORCA는 오랫동안 청년취업아카데미 과정을 운영해왔으나, 2018년부터 해당 기관의 방침에 따라 폐지했다. 정부가 추진하는 청년 취업 확대와는 배치되는 방침이다.

그러나 주요 대학들과 연계해 운영 중인 CEO 특강은 운영 중이다. 협회 회원사 대표자가 주 1회 해당 대학에 출강해 학생들에게 글로벌 기업의 역사, 주요 상품 개발 및 경영 전략 등을 경험하게 하고 취업 지도 등도 해주고 있다.

국내 기업들이 투자 환경이 좋은 외국으로 나가는 데 반해 한국에 있는 외국기업들은 매년 약 50조 원 상당을 투자해 한국 수출의 20%와 고용의 약 6%를 담당하고 있는 등 한국 경제의 중심 축 역할을 하고 있다.

4차 산업혁명을 리드할 세계적 기업들이 한국에 많은 투자를 하게 해 대한민국이 세계 경제의 중심축이 되는 것과 FORCA의 위상을 더 높이는 것이 목표이자 포부다. 언론에서도 한국에 진출해 있는 글로벌 기업들이 더 많은 투자를 통해 고용을 늘릴 수 있도록 관심을 부탁한다.

산업통상자원부와는 긴밀한 관계를 유지하고 있어서 특별히 주문하고 싶은 것은 없으나 FORCA가 주요 경제 단체로서 더 큰 역할을 할 수 있도록 변화의 계기를 만들어주었으면 한다.

회장
이종호

PPI평화

학력

1994 연세대학교 경영전문대학원 수료
1998 서울대학교 공과대학 AIP 수료

경력

1992 대한조정협회 부회장
1997 연세대학교 경영대학원 총동창회 부회장
2016~현재 한국상하수도협회 부회장

상훈

1987 제22회 발명의 날 국무총리 표창
2009 부품소재 기술상 대통령 표창
2010 제7회 대중소기업 협력대상 국무총리 표창
2018 국가생산성대상 대통령 표창

PPI
PIPE SYSTEM

PPI

경영이념

내부고객의 만족을 선결하고, **좋은 제품과 철저한 서비스**로 **외부고객의 감동을 실현**하여 사회로부터 신뢰받는 기업이 된다.

미래의 발전을 도모하고 위험에 대처하기 위해 건전한 수단으로 이익을 신장시킨다.

창업정신

- 최고의품질
- 신제품 개발
- 인재육성

기업이념

PPI는 전 직원의 수준높은 **삶의 질을 추구**하며 일하는 보람을 갖는 터전으로서 존재한다.

'100년 수명' 상수도관으로 미국 수출의 길을 연 PPI평화

PPI 평화는 '신제품 개발, 최고의 품질, 인재 육성'이라는 창업 정신과 "좋은 제품과 철저한 서비스로 외부고객의 감동을 실현해, 사회로부터 신뢰받는 기업이 된다"는 경영이념을 앞세워 지난 40년간 오로지 PVC 배관 산업 발전에 매진해온 강소기업이다.

그 결과 2013년 세계 최초로 100년 수명을 자랑하는 '아피즈APPIZ' 상수도관 개발에 성공해, 미국 수돗물 공급 1위 기업

PPI평화와 미국 최대 수돗물 공급업체인 AW사는 미주리주 세인트루이스시의 부식성 토양 지대에 아피즈 상수도관을 시공했다.

인 아메리칸워터AW사와 제품 공급 계약 및 미국 전역에 공동 영업 계약을 체결했다.

아피즈 상수도관은 부식성 토양 지대인 세인트루이스를 시작으로 지진 다발 지역인 캘리포니아주 이스트베이 등에 시공이 진행되고 있다. 국내 대표 현장으로는 평택주한미군기지 450만 평 부지에 아피즈 상수도관이 300㎜ 메인 송수관을 포함한 전량이 시공되었다.

아피즈 상수도관은 시민에게 안전한 물을 공급해 인류 건강에 기여하고, 한 번 시공으로 100년 이상 사용해 정부예산을 절감하는 데 기여할 것으로 기대된다.

쇠보다 강한 아피즈 상수도관, 새로운 글로벌 스탠다드가 되다

상수도관의 가장 중요한 역할은 시민들에게 안전한 물을 공급해 인류 건강에 기여해야 한다.

하지만 기존 상수도관은 1455년 주철관이 개발된 이래 약 500년 이상의 역사를 가지고 있지만 3대 문제점인 부식, 녹물, 깨지는 문제가 여전히 상존하고 있다. 최근에는 지진으로 인한 파손 문제로 상수도관의 강도와 안정성에 대한 중요성이

미국 최대 수돗물 공급업체인 AW사와 파트너십 계약을 체결해, 미국 전역 공동마케팅을 시작했다. 왼쪽은 AW사의 마크 스트라우스 부사장, 오른쪽은 PPI평화 이혜정 미국 법인장이다.

주목받고 있다.

PPI평화는 8년간의 연구개발을 통해 쇠보다 강한 아피즈 상수도관을 개발하는 데 성공했다. 아피즈 상수도관은 국제표준 대비 18배 강한 장기내수압 강도를 가지는 최초의 PVC관으로 포클레인 왕복 시험, 타격 시험, 영하의 온도에서의 휨 강도 시험을 통해 강도와 안정성을 검증했다.

아피즈 상수도관의 우수한 성능을 토대로 미국, 독일 등 50여 개국의 표준 전문가들이 참석한 2014년 서울 ISO 국제표준화총회에서 새로운 국제표준을 발표했고, 이 내용은 전 세계 163개국에 배포되었다.

아피즈 상수도관의 우수성을 먼저 알아본 곳은 미국이었다. 아피즈 상수도관의 탁월한 성능을 접한 미국수도협회AWWA와 미국 최대 수돗물 공급업체인 AW사는 아피즈 상수도관을 대상으로 미국 표준 대비 얼마나 우수한 품질을 가지고 있는지를 확인하기 위한 2년여의 테스트를 진행했다. 특히 피로도 시험에서 200만 회의 써지 테스트를 통과함으로써 100년 수명을 검증했다.

이를 통해 AW사와 아피즈 상수도관 공급, 아피즈 상수도관 동일 소재 이음관 공동 개발, 미국 시장 공동 마케팅을 내용으로 하는 정식 파트너십 계약을 체결했다.

전 세계 모든 지진에 95% 견디는 아피즈 상수도관

아피즈 상수도관은 세계 최고 권위의 내진 성능 평가 기관인 미국 코넬대학과의 2년간 공동 연구 끝에 전 세계 모든 지진에서 95% 이상 생존하는 내진용 아피즈 상수도관을 개발했다. 테스트는 비매립 시험과 매립 시험 2단계로 진행했고, 최종 단계인 대규모 지반 균열 테스트는 코넬대학교가 보유한

미국 코넬대학교(세계 최고 권위의 내진 성능 평가 기관)와의 2년간의 공동 연구 끝에 전 세계 모든 지진에서 95% 이상 살아남는 아피즈 상수도관을 개발하는 데 성공했다.

지반 균열 시험 장치를 이용해 실제 지진과 동일한 테스트를 진행했다.

대규모 지반 균열 테스트는 상수도관을 깊이 2.3m, 폭 3.2m, 총길이 12m 지반에 매립한 후 5.6kgf/cm^2의 압력을 가한 상태에서 분당 2인치씩 지반을 분리시켜 상수도관이 어느 정도까지 견딜 수 있는지를 확인한다. 그 결과 아피즈 상수도관은 16.2인치의 지반 균열에도 이상이 없었다.

아피즈 상수도관은 대규모 지반 균열 시험에 앞서 관로를 양쪽 끝에서 압착하는 압축 시험, 관로를 활처럼 휘는 '4점

굽힘 시험'도 부사히 통과했다. 특히 4점 굽힘 시험의 경우 코넬대학의 시험 기기의 최대 굽힘 각도인 52.2도에서 유일하게 파손이 없었다.

PPI평화와 2년간 공동 연구를 진행한 코넬대학 측은 아피즈 상수도관은 매우 우수한 물성을 가지고 있어 전 세계 모든 지진에서 95% 이상 생존할 수 있는 우수한 내진용 상수도관임을 증명했다.

세계로 나아가는 아피즈 상수도관

아피즈 상수도관은 미국 세인트루이스 메라믹강 인근 부식성 토양 지역과 맨빌시의 교통량이 많은 주거 지역, 그리고 동부 해안과 인접한 뉴저지주 롱브랜치 현장에 시공되었다. 특히 이 지역은 토양에 염분 함량이 높아 1980년대 이후 주철관의 부식으로 인한 교체를 11번이나 진행한 곳이다.

최근에는 캘리포니아의 지진 다발 지역인 이스트베이에 시공이 진행되고 있는데, 이곳은 부식과 지진으로 인해 1980년 이래 70회가량의 주철관 파손으로 인한 교체가 진행된 현장이다.

뉴저지주 롱브랜치 현장은 해안과 인접해 토질에 염분 함량이 높아 1980년 이후 주철관의 교체가 11번이나 진행된 현장이다. 아피즈 상수도관이 시공되어 100년 동안 교체가 필요 없게 되었다.

하지만 아피즈 상수도관의 사용으로 향후 100년 동안 교체가 필요 없게 되었다.

미국 서부 캘리포니아주의 지진 다발 지역인 이스트베이에는 지진으로 인해 1980년 이래 70회가량의 주철관 파손으로 인한 교체가 진행된 현장이다. 2019년까지 약 24km의 아피즈 상수도관의 시공이 진행 중에 있다.

국내 대표 현장으로는 평택주한미군이전기지 450만 평 부지에 300mm 메인 송수관을 포함한 전량이 시공되었으며 총길이는 90km에 이른다.

세계 5위 고층 건물 롯데월드타워에 시공된 DH오·배수관

세계 5위 초고층 빌딩인 롯데월드타워 123층(555m)에 DH오·배수관 300mm 등 전 호칭이 시공되었다.

기존의 아파트, 상업용 건물의 지하횡주관은 주철관 사용이 많았다. 주철관은 내부의 스케일과 녹이 발생돼 주기적인 관 청소 및 부식으로 인한 누수 문제가 빈번했다. 이러한 문제는 관의 막힘으로까지 이어질 수 있으며, 20년 단위로 교체해야 하는 문제에 의한 배관의 잦은 교체 및 비용 발생은 그간 주철관 사용의 큰 고민거리였다. 이에 PPI평화는 100년 수명이 검증된 아피즈 소재를 이용한 DH오·배수관을 개발했다.

DH오·배수관은 주철관보다 5배 강해 배관 파손에 의한

세계 5위 초고층 빌딩인 롯데월드타워 123층(555m)에 DH오배수관이 300㎜ 등 전 호칭이 시공되었다.

누수 문제를 완벽히 해결할 수 있다. 또한 탁월한 유체 흐름으로 스케일 및 관 막힘의 우려가 전혀 없다. 이러한 우수성으로 국내 대부분의 아파트 지하횡주관으로 채택돼 시공되고 있으며, 세계 5위 초고층 빌딩인 롯데월드타워 외에도 말레이시아 쿠알라룸푸르 힐튼호텔 등 상업용, 주거용 건물에 시공되고 있다.

또한 압력용 DH배관은 상시압력 $5kgf/cm^2$에 안전한 배관으로 초고층 빌딩, 호텔, 주상 복합 등 대형 빌딩과 우량 주택 등 100년 이상 장수명 건물의 오·배수관에 적용이 가능하다. 특히 PVC관의 사용이 어려운 플랜트, 화학, 반도체, 선박 등 배관의 강도와 성능이 중요한 분야에도 사용이 가능하도록 개발됐다.

시공성을 12배 향상시킨 원터치 모듈화 시스템

PPI평화 원터치 모듈화 시스템은 한 세대 분의 파이프와 이음관을 하나의 팩에 담아 공급함으로써 시공 시간을 12배 단축할 수 있다.

원터치 모듈화 시스템은 PPI평화의 자체 특허 기술인 원터

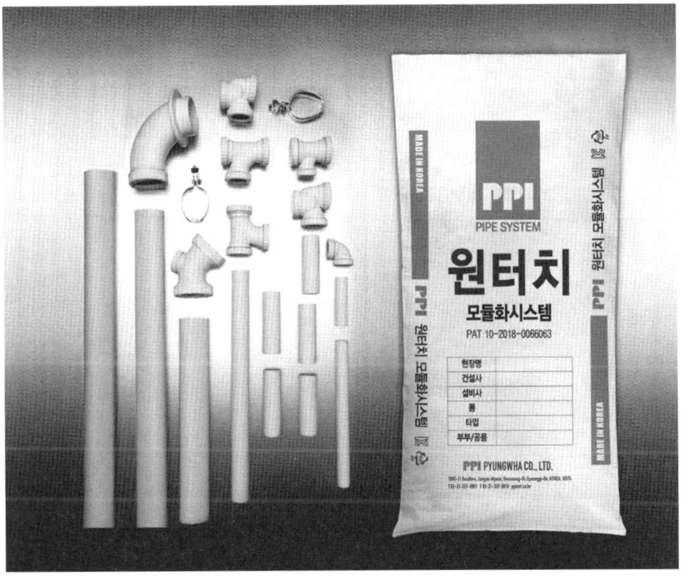

원터치 모듈화 시스템은 한 세대 분의 파이프와 이음관을 하나의 팩에 담아 공급함으로써 시공 시간을 12배 단축했다.

치 이음관이 적용되었다. 원터치 이음관은 기존 시공 방식인 캡과 고무링을 분리 후 파이프를 삽입 체결하는 방식에서 캡과 고무링의 분리 과정 없이 파이프를 삽입 후 바로 조여 시공을 완료한다.

이러한 원터치 이음관은 기존의 복잡했던 절차를 단순화해 시공 시간을 획기적으로 단축했고, 시공 오차의 문제를 해결했다.

원터치 모듈화 시스템은 긴 파이프를 현장에서 절단하고 운반할 필요가 없다. 세대별로 하나의 팩에 담긴 배관을 세대 내로 운반해 원터치로 시공을 완료한다. 별도의 절단 공정이 없기에 부수적인 잉여 자재, 먼지 발생이 없고, 폐기물 발생을 줄여 현장 관리가 쉽다.

이러한 원터치 모듈화 시스템은 건설 현장의 공기 단축 외에도 적재 및 후가공을 위한 별도의 공간이 사라져 비용 절감에 기여할 수 있다.

한국토지주택공사LH에서는 주 52시간 근무제에 맞춰 원터치 모듈화 시스템을 베스트프랙티스 사례로 선정해 현장 적용을 지속 확대하고 있다. 2019년 현재 원터치 모듈화 시스템은 14만 세대의 현장에서 시공되고 있다.

"좋은 제품과 철저한 서비스로
외부 고객의 감동을 실현해,
사회로부터 신뢰받는 기업이 된다."

시장
주낙영

경주시

학력

1979 대구 능인고등학교 졸업
1983 성균관대학교 행정학과 졸업
1985 서울대학교 행정학 석사
1994 미국 아이오와대학원 도시및지역계획학 석사
2015 경북대학교 행정학 박사

경력

1985 제29회 행정고시 합격
1999 경상북도 기획관, 도지사 비서실장
2003 경상북도 경제통상실장, 자치행정국장
2006 행정자치부 균형발전기획관
2008 대통령 행정자치비서관실 선임행정관
2009 외교통상부 주뉴욕총영사관 부총영사
2012 대통령 소속 지방분권지원단장
행정안전부 제도정책관
2013 경상북도 행정부지사
2015 행정자치부 지방행정연수원장
2018 민선 7기 33대 경주시장

상훈

2002 녹조근정훈장
2011 대통령 표창

역사를 품은 도시 미래를 담는 경주

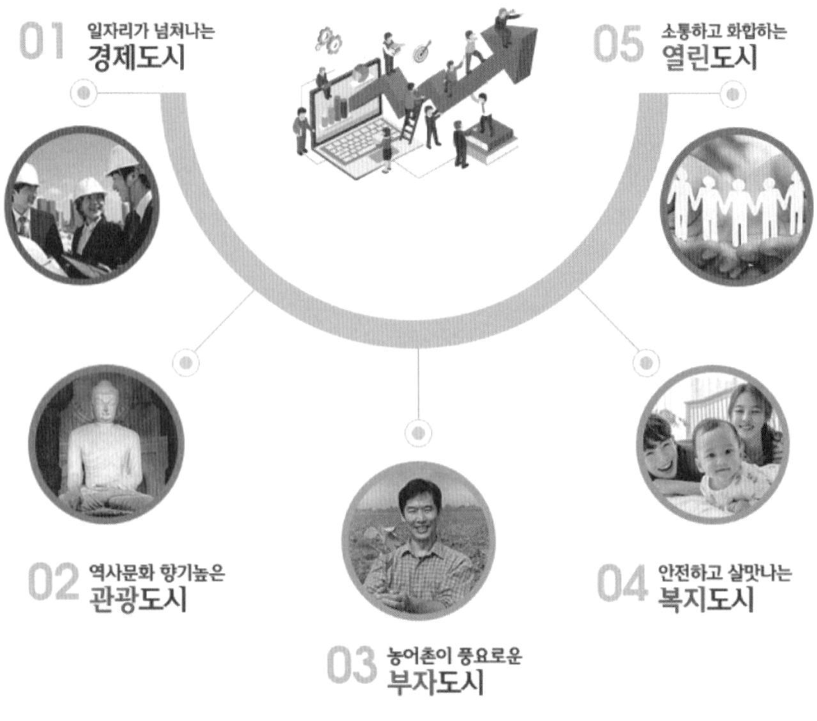
01 일자리가 넘쳐나는
경제도시
02 역사문화 향기높은
관광도시
03 농어촌이 풍요로운
부자도시
04 안전하고 살맛나는
복지도시
05 소통하고 화합하는
열린도시

역사를 품은 도시 미래를 담는 경주

경주는 천년고도로서 국보 34점, 보물 91점, 사적 75점 등 총 338점의 국가 및 도 지정 문화재가 있는 역사 도시이자, 연간 1,300만 명 이상이 찾는 우리나라에서 손꼽히는 문화 관광 도시다.

벼와 보리의 재배 면적은 각 1만 2,439*ha*와 264*ha*로서 모두 도내 1위이며, 체리는 57*ha*로서 전국 1위이고, 한우 두수도 도내 1위인 농축산 도시이기도 하다. 면적은 서울특별시의 2.2배로 전국 시 단위 중 두 번째로 넓은 지역이다.

역사를 품은 도시 경주가 새로운 미래를 담기 위해 2018년 7월 민선 7기의 희망찬 돛을 올렸다.

경주시 민선 7기, 경제가 답이다

주낙영 경주시장은 민선 7기를 시작하면서 최우선 과제로 '경제 살리기'를 꼽았다. 취임 후 투자유치과를 신설해 지역 경제 활성화와 지속 가능한 신성장 산업을 육성하는 데 매진하고 있다.

우선 2019년 3월 6일 경주시청에서 전기자동차 제조 공장 설립 MOU를 체결해 투자 금액 600억 원대의 '전기자동차 사업'을 유치했다. 이번 사업은 중국 장쑤젠캉자동차유한공사와 에디슨모터스㈜와의 합작으로 600억 원대의 투자와 함께 200여 명의 고용 창출 효과를 예상하고 있다. 전기자동차는 자율주행차와 함께 4차 산업혁명, 미래형 자동차의 핵심으로 신성장 산업으로 부상하고 있으며, 제조업 중 자동차 부품 관련 기업이 약 60%를 차지하고 있는 경주로서는 자동차 산업 생태 변화에 따른 선제적 대응 전략의 핵심이다.

경주시는 '전기자동차 사업'과 함께 경북도 역점 사업으로 선정된 '하이테크성형가공연구센터'를 유치하는 데 총력이다. 하이테크성형가공연구센터는 자동차 부품 산업의 신성장 동력 매개체로서 일반 기계, 전기 전자, 자동차 등 다양한 산업 분야에 적용돼 첨단 신소재를 통한 차량 경량화, 시제품 제작 지원, 시험 분석 등 적용 분야가 무궁무진하다.

2019년 2월에는 1조 4,000억 원 규모의 '수소 연료 전지 발전 사업'을 유치했다.

시행사인 ㈜강동에너지, ㈜네모이엔지는 한국수력원자력㈜, 한국서부발전㈜과 협력해 2023년까지 총 200㎿급 수소

2019년 3월 경주시청에서 전기자동차 제조 공장 설립 MOU를 체결해 투자 금액 600억 원 대의 전기자동차 사업을 유치했다.

연료 전지 발전소를 조성할 계획이며, 약 1만 4,000여 명의 일자리 창출이 기대된다. 수소 연료 전지 발전소는 태양광이나 풍력과 달리 24시간 365일 가동이 가능하며, 고효율·친환경 에너지 시설이다.

2019년 2월 산업용 소재 가공 분야 국내 1위 업체인 동양피엔에프㈜ 경주공장이 준공되었다. 동양피엔에프㈜는 석유 화학부터 제철, 제강, 세라믹, 시멘트, 발전 등 다양한 산업 분야에 진출해 최고의 소재 가공 기술을 제공하고 있는 기업으로 글로벌 톱5 진입을 목표로 하고 있다. 동양피엔에프㈜는 경주

2019년 2월 경주시는 1조 4,000억 원 규모의 수소 연료 전지 발전 사업을 유치했다.

시가 본사 방문, 투자 현장 상담, 각종 행정 절차 편의 제공 등 기업 유치를 위해 경주시가 공들여 만들어낸 결과물이다.

2019년 3월에는 '제1차 경주 CEO 포럼'을 개최했다. 경주시의 '기업하기 좋은 도시' 조성을 위한 일환으로 경주 지역 CEO들이 한자리에 모여, 각종 정보 교류와 경영 전략 공유로 불확실한 미래에 대한 대응 방안을 모색하고 미래 경영 전략을 수립 및 공유한다는 취지다.

좋은 일자리와 신성장 동력 창출이 목표

주낙영 경주시장은 민선 7기 공약인 '시장 직속 일자리 상황실' 설치, '경주 일자리 종합 정보망' 구축 등을 통해 좋은 일자리 만들기에 매진하고 있다.

2018년 9월 경주 일자리 종합 정보망을 구축했고, 10월에는 시장 집무실에 일자리 상황판키오스크을 설치해 일자리 관련 각종 지표와 실적, 동향을 직접 챙기고 있다.

일자리 창출의 핵심인 좋은 기업 유치·지원을 위해 기업지원과를 중심으로 '기업하기 좋은 도시'를 조성하는 데 매진하고 있다. 중소기업 운전 자금의 2차 보전율을 기존 2%에서 2019년에는 3%로 인상해 기업의 이자 부담을 완화했고, 기업 현장 방문을 확대해 소통을 강화하고 있다.

특히 기업지원과의 예산을 보면 2018년 당초 예산은 32억 원 수준이었으나, 2019년 예산은 87억 원 수준으로 약 272%의 폭으로 증가했다. 증가된 예산으로 기업에 대한 각종 경제 혜택과 도로, 시설물 등의 애로 사항에 대해 즉각적으로 개선하고 있다.

아울러 경주시는 청년지원센터 설립, 청년 고용 우수 기업에 대한 근로 환경 개선 사업비 지원 등 청년 일자리 증가를 위한 정책을 추진 중이며 사회적 기업이나 마을 기업, 협동조합을 집중 육성해 지역 밀착형 일자리를 창출하는 데도 박차를 가하고 있다.

시장 직속 일자리 상황실 설치, 경주 일자리 종합 정보망 구축 등을 통해 좋은 일자리 만들기에 매진하고 있다.

경주는 원자력 도시다. 정부의 탈원전 정책에 따라 지방 소득세, 정부 지원금 등의 감소와 일자리 감소 등의 피해가 예상되고 있으나 여전히 월성 1호기를 제외한 총 6기 중 5기가 가동 중이다.

2019년 5월 경주시 감포읍에 원전현장인력양성원이 준공된다. 원전 현장 기술 역량 강화와 적기의 안정적 인력 공급으로 원전의 안전성 향상과 수출 경쟁력을 확보하기 위함이다. 정부 정책으로 의미가 반감되고 있지만, 앞으로 원전 분야의 일자리 창출에 도움이 될 것으로 예상된다.

그 밖에 탈원전 정책과 산업 구조 변화에 따라 경주시는 경북도와 함께 과학 산업 지도를 재편하고 있다. '양성자가속기 첨단산업벨트' 조성, 원자력뿐 아니라 신재생 에너지를 포함한 '국가클린에너지과학연구단지' 조성, 자동차 산업 구조 변화에 따른 에코 자동차 제조, 자동차 재제조 산업 활성화, 신소재 부품 산업 육성 등 '미래형 자동차 제조 혁신 클러스터'를 조성하는 것까지 미래 신성장 산업에 대한 과감한 변화와 도전을 하고 있다.

경주의 새로운 부활은 도시 재생 사업에서

경주의 원도심 지역은 새로운 상권 형성과 아파트 신축 등의 인구 이동에 따라 낙후돼가고 있어 새로운 동력이 필요한 상황이었다.

이에 주낙영 경주시장은 '원도심 도시 재생 뉴딜 사업'을 공약 사업으로 제시하면서 도시재생사업본부를 신설했다. 본부와 주민, 상인회, 민간단체와 합심해 노력한 끝에 2018년 8월 31일 정부의 도시 재생 뉴딜 사업 중 '중심 시가지형'에 선정되는 쾌거를 올렸다.

이로써 경주시는 2019년부터 향후 5년간 원도심 일대 21만 5,000㎡ 규모에 국비 150억 원을 포함한 250억 원의 사업비를 투입해 원도심 활성화에 나서게 되며, 앞으로 500여 명의 일자리 창출과 60여 개 점포의 창업 지원, 25개 사회적 경제 조직, 22개 골목길 정비가 예상되고 있다.

대한민국를 대표하는 역사 문화 관광 도시 경주

민선 7기 경주 시정의 핵심 과제 중 하나는 세계적인 역사 문화 관광 도시 경주 만들기다.

2018년 10월 개최된 제46회 신라문화제는 역사와 전통을 자랑하는 축제이지만, 한동안 활성화되지 못해 침체기를 겪었다. 그러나 2018년 신라문화제에서는 옛 명성을 되찾기 위해 첨성대 축조 재현, 선덕여왕 행차 재현, 첨성대 거석 운반 대항전, 주령구 컬링대회 등의 대표 행사와 각종 초청 공연, 학술·제전, 민속 경연 등의 프로그램을 개발·발굴해 이전 행사와 차별화했다. 그 결과 신라문화제가 2019년 문화관광육성축제에 선정돼 우리나라 대표 축제로 다시금 도약할 수 있는 발판을 마련하게 되었다.

문화체육관광부와 한국관광공사가 공동 주관한 제4회 2019~2020 한국 관광 100에 불국사, 석굴암, 동궁과 월지(사진), 첨성대, 대릉원, 천마총, 황리단길 등이 선정되었다.

황리단길, 동궁원, 주상절리 파도소리길, 월정교(사진) 등이 새 관광지로 급부상하고 있어 관광객의 발길이 끊이지 않고 있다.

대한민국을 대표하는 역사 문화 관광 도시 경주의 첨성대.

2018년 12월에는 TV조선이 주최하고 과학기술정보통신부 및 농림축산식품부가 후원한 '2019 소비자가 뽑은 한국의 영향력 있는 브랜드 대상'에서 역사 문화 관광 도시 부문 대상 수상의 영예를 안았다.

경주시는 석굴암, 불국사, 남산지구, 대릉원지구 등 전통 관광지와 더불어 황리단길, 동궁원, 주상절리 파도소리길, 월정교 등이 새로운 관광지로 급부상하고 있어 관광객의 발길이 끊이지 않고 있다.

2019년 1월에는 문화체육관광부와 한국관광공사가 공동 주관한 '제4회 2019~2020 한국관광 100선'에 경주의 불국사,

석굴암, 동궁과 월지, 첨성대, 대릉원, 천마총, 황리단길 등 총 7곳이 선정되었다. 불국사와 석굴암은 4회 연속, 동궁과 월지, 첨성대는 3회 연속 선정돼 다시 한 번 관광 도시 경주의 위상을 확인시켰다.

경주시는 2019년 문화재청 공모 사업에 제출한 '문화재 야행', '향교·서원 문화재 활용', '전통 산사 문화재 활용', '생생 문화재 사업', '지역 문화유산 교육 사업' 등 5개 부문 7개 사업 모두 최종 선정되는 쾌거를 올리기도 했다.

일심만능

2019년 경주시 예산은 1조 2,000억 원이 넘는다. 그만큼 할 일이 많다는 뜻이다. 그래서 주낙영 시장은 2019년 신년사에서 시정 화두로 일심만능一心萬能을 제시했다. '무슨 일이든 한 마음으로 하면 할 수 있다'는 뜻이다.

경주 발전을 위해 해야 할 일도 많고 무거운 짐일 수도 있지만, 전 공직자와 시민이 마음을 하나로 모아서 함께 나아간다면 못 해낼 일이 없다고 했다. 역사를 품은 도시 경주가 어떤 미래를 그려낼지 희망찬 행보가 기대되는 이유다.

원장
지대범

한국지역정보개발원

학력

부산대학교 계산통계학 졸업

연세대학교 대학원 공학경영학 석사

숭실대학교 대학원 공학 박사

경력

삼성SDS 통합서비스사업부 상무

삼성증권 정보최고책임자(CIO) 상무

사회보장정보원 정보이사

호서대학교 디지털기술경영학과 교수

전자정부추진위원회 위원

공공데이터전략위원회 위원

제5대 한국지역정보개발원 원장

상훈

2003 전자정부 유공 대통령 표창

2018 대한민국 사회발전대상(전문행정 부문)

한국지역정보개발원
Korea Local Information Research & Development Institute

Mission 미션

전자지방정부 및 자치단체 정보화사업 지원을 통해
지역정보화 촉진에 기여

Vision 비전

안전하고 스마트한 최고의 지역정보화 전문기관

Strategy 전략

1 지능형 지역정보화 정책지원 및 글로벌 연계 협력 강화

2 환경변화에 유연한 고객중심 시스템 운영환경 구축

3 안정적인 지역정보서비스 제공기반 강화

4 지속가능한 선진 경영체계 구축

전자정부 및 지역정보화로 열린 혁신을 선도한다

한국지역정보개발원은 전자정부법 제72조에 따라 설립돼 전자지방정부 구현 및 지역정보화에 기여하고 있으며 정보화사업지원, 지방자치단체 위탁사무, 연구 및 교육, 정보시스템의 개발 구축 확산, 국제교류·협력 및 국외 확산 보급을 위해 힘쓰고 있다.

특히 지대범 원장은 취임하자마자 직원들을 모두 찾아다니며 기관의 현안을 묻는 미팅을 적극 추진했다. 소통하지 못하는 혁신은 의미 없는 겉치레에 불과하다는 생각 때문이다. 상대를 위해 먼저 귀를 열고 경청하려는 노력을 통해 현장중심 조직문화와 직원들이 참여하는 열린 혁신을 솔선하고 있다.

지방분권시대에 발맞춰 국민들의 정책참여가 이뤄질 수 있도록 국민참여 시스템을 개발·운영하고 있으며, 맞춤형 국민서비스 제공을 위해 주무부처인 행정안전부 및 자치단체와 적극적으로 협력해 국민편의 증진에 기여하고 있다.

지대범 원장은 'Innovating Today, Leading Tomorrow'라는 혁신 슬로건 아래 '서비스혁신', '사회가치혁신', '스마트 업무혁신'이라는 3대 KLID 혁신 방향을 수립했으며, 일자리 창

'Innovating Today, Leading Tomorrow'라는 혁신 슬로건 아래 '서비스혁신', '사회가치혁신', '스마트 업무혁신'이라는 3대 KLID 혁신 방향을 수립했다.

한국지역정보개발원 내에 여성휴게실을 개소했다.

출 및 지역사회 발전 등 국정과제 성과 창출을 위한 지원을 강화하고 있다.

또한 문서24, 행복출산 원스톱 서비스, 모바일 위택스, 1365자원봉사포털 등 지역주민의 공공이익과 편익을 획기적으로 개선한 서비스를 발굴해 국가브랜드대상 및 대한민국 사회발전대상 수상, 정부혁신 우수사례 선정 등 그 성과를 외부에 인정받고 있다.

아울러 쉽고 편리한 지방세 납부 '위택스 서비스'와 '종이 없는 지방세 고지서 서비스 혁신'으로 시민의 납세편의와 정부의 예산 절감을 실현하는 등 국민생활밀접 민원 행정제도의 우수사례를 창출하고 있다.

이와 함께 시민과 함께하는 열린 경영을 위해서 지역경제 활성화를 위한 정보화마을 페스타 개최, 스마트시티 서비스 및 창업 경진대회 운영, 지능형 전자정부 아이디어 및 슬로건 공모전 등 시민참여 혁신을 적극적으로 전개하고 있다.

지역경제 활성화, 상생협력, 일자리 창출로 사회적 가치를 선도

한국지역정보개발원은 대표 마을기업인 '정보화마을'을 운영

경영혁신 성과보고회에서 투명하고 공정한 채용절차 마련, 비정규직 고용 안전화 추진, 신규 사업 확대로 민간 고용 창출이라는 전략 방향을 설정해 2018년에는 총 877명의 일자리를 창출했다.

해 지역주민의 정보 격차를 해소하고 마을소득 창출 지원을 통해 지역공동체 형성과 사회경제기업 활성화에 기여하고 있다. 현재 324개 정보화마을이 전국에 있으며 모바일·온라인 판매채널인 인빌쇼핑몰을 운영하고 이마트·11번가·G마켓과 제휴해 2018년도 기준으로 300억 원 이상의 매출 증대에 기여하는 등 성과를 내고 있다.

또한 조달청의 하도급지킴이를 전면 도입하고, 중소기업 운영지원단 애로사항 청취를 위한 간담회를 정기적으로 개최하고 있으며, 협력업체와 함께하는 IT기술 동향 컨퍼런스 개최 등 중소기업과의 상생협력을 위해 다각도로 노력하고 있다.

일자리 창출이 사회적으로 큰 이슈가 됨에 따라 지대범 원장은 행정안전부 장관 주재의 경영혁신 성과보고회에서 일자리 창출 방안에 대해 발표하고, ① 투명하고 공정한 채용 절차 마련 ② 비정규직 고용 안전화 추진 ③ 신규 사업 확대로 민간 고용 창출이라는 전략 방향을 설정해 2018년에는 총 877명의 일자리를 창출했다.

또한 지방 공공기관의 투명한 채용을 실현하는 '클린아이 잡플러스'를 운영해 전국 846개 지방 공공기관의 채용정보를 통합 공개하고 잡알리오, 워크넷, 나라일터 등 유관 채용정보 사이트와 채용정보를 공유하고 있으며 월평균 접속자 수가 약 6만 명에 다다를 정도로 활발하게 운영되고 있다.

인권경영 선포 및 갑질근절 등 인권보호에 앞장

지대범 원장이 취임하자마자 추진한 업무는 인권경영이다. 지대범 원장은 취임 이후 곧바로 노사공동으로 인권경영 선포식을 개최하고 국가인권위원회 전문 강사를 초빙해 임직원 교

노사공동으로 인권경영 선포식을 개최하고 국가인권위원회 전문 강사를 초빙해 임직원 교육을 실시하는 등 인권경영 실현을 위해 노력했다.

육을 실시하는 등 인권경영 실현을 위해 노력했다.

그와 더불어 범정부갑질 근절대책 발표(2018년 7월 5일)에 따라 갑질예방 및 근절대책을 마련하고 부패 취약 분야 진단 실무회 운영, 중소협력사와의 반부패협약 체결 등 강력한 청렴시책을 시행했다.

이러한 인권경영 실현으로 공공분야의 우월적 지위남용, 부당요구, 업무적·인격적 불이익 처우에 대한 인식 개선이 이뤄졌으며, 인권경영 및 사회적 가치 실현의 노력을 인정받아 '대한민국 사회발전 대상'을 수상했다.

세계로 뻗어나가는 전자정부의 마중물을 붓다

한국지역정보개발원은 전자지방정부, 스마트시티 등 지역정보화 분야 국제협력 및 글로벌 사업개발을 통한 글로벌 인재 양성 및 국내기업 해외진출의 기반을 마련하고 있다.

세계은행의 정보화 프로젝트(이집트, 우즈베키스탄 등)를 직접 수행해 한국 지역정보화 우수사례 기반 컨설팅을 하고 있으며, KOICA와 협력해 몽골, 베트남 등에 지역정보화 모델에 대해 해외 수출을 지원하는 등 글로벌 지역정보화 협력 사업을 추진하고 있다.

이외에도 해외 전자정부 연수단 벤치마킹 프로그램을 운영하고 전자정부, 스마트시티 등 ICT 관련 국제행사 참여를 통해 우리나라 경험 및 전략을 공유하고 글로벌 동향 파악 및 사업 기회를 발굴해 지방자치단체에 제공하고 있다.

또한 행정안전부와 함께 중앙정부 및 지방자치단체의 해외 전자정부 진출사업을 지원해 베트남·캄보디아 전자정부 실무 협력단 참가 등 국가 ODA사업 지원을 통한 국내 ICT기업의 해외 진출도 지원하고 있다.

앞으로 한국지역정보개발원은 4차 산업혁명과 지방분권화

지 원장은 중소기업 간담회에서 "끊임없는 소통과 경청을 통한 상호 간 신뢰 구축이 사업의 성과로 이어진다"며 "향후에도 지속적인 동반성장 노력으로 지역정보화 서비스 수준 향상을 위해 함께 노력하겠다"고 했다.

시대를 선도하는 스마트한 지방행정서비스와 주민생활서비스를 적극 발굴하는 사업 혁신에 주력할 방침이며 차세대 시스템 전환 등을 통해 빅데이터, 인공지능AI, 클라우드, 블록체인 기술을 적극 활용해 지방분권화 시대에 걸맞는 주민 맞춤서비스를 지속적으로 창출할 예정이다.

"끊임없는 소통과 경청을 통한
상호 간 신뢰 구축이
사업의 성과로 이어진다."

세계를 품다 2019

초판 1쇄 2019년 5월 10일

지은이 글로벌 리더 선정자 23인
출판 기획 및 엮은이 서희철
펴낸이 전호림
책임편집 정혜재
디자인 제이알컴
마케팅 박종욱 김선미 김혜원

펴낸곳 매경출판㈜
등 록 2003년 4월 24일(No. 2-3759)
주 소 (04557) 서울시 중구 충무로 2 (필동1가) 매일경제 별관 2층 매경출판㈜
홈페이지 www.mkbook.co.kr
전 화 02)2000-2632(기획편집) 02)2000-2636(마케팅) 02)2000-2606(구입 문의)
팩 스 02)2000-2609 **이메일** publish@mk.co.kr
인쇄·제본 ㈜ M-print 031)8071-0961
ISBN 979-11-5542-320-2 (03320)

책값은 뒤표지에 있습니다.
파본은 구입하신 서점에서 교환해 드립니다.

이 도서의 국립중앙도서관 출판예정도서목록(CIP)은 서지정보유통지원시스템 홈페이지(http://seoji.nl.go.kr)와 국가자료공동목록시스템(http://www.nl.go.kr/kolisnet)에서 이용하실 수 있습니다. (CIP제어번호: 2019015840)